Florian Stark

# Strategische Personalentwicklung in der katholischen Kirche

Zwischen Kompetenz, Potenzial und Charisma

Diplomica Verlag GmbH

**Stark, Florian: Strategische Personalentwicklung in der katholischen Kirche. Zwischen Kompetenz, Potenzial und Charisma, Hamburg, Diplomica Verlag GmbH 2016**

Buch-ISBN: 978-3-95934-986-4
PDF-eBook-ISBN: 978-3-95934-486-9
Druck/Herstellung: Diplomica® Verlag GmbH, Hamburg, 2016

**Bibliografische Information der Deutschen Nationalbibliothek:**
Die Deutsche Nationalbibliothek verzeichnet diese Publikation in der Deutschen Nationalbibliografie; detaillierte bibliografische Daten sind im Internet über http://dnb.d-nb.de abrufbar.

© Diplomica Verlag GmbH
Hermannstal 119k, 22119 Hamburg
http://www.diplomica-verlag.de, Hamburg 2016
Printed in Germany

# Inhaltsverzeichnis

# 1 Einleitung

„Strategische Personalentwicklung in der katholischen Kirche": Titel und Thema dieser Untersuchung haben im kirchlichen Kontext für manches erstaunte Gesicht gesorgt. „Was ist Personalentwicklung und wie geht das mit der Kirche zusammen?", war wohl die häufigste Nachfrage. Dabei ist die strategische Personalentwicklung ein Thema, das die Ordinariate der ein oder anderen deutschen Diözese seit ein paar Jahren beschäftigt und in das einiges an Hoffnungen gesetzt wird. Schließlich sinkt die Zahl derer, die sich zu einem Theologiestudium entschließen, kontinuierlich und damit auch die Zahl der potentiellen kirchlichen Mitarbeiter.[1] Gleichzeitig verlangt die Arbeit in der Pastoral den kirchlichen Mitarbeitern aber ein sehr breites Spektrum an Kompetenzen ab. Strukturelle Veränderungen, wie z. B. Großraumpfarreien, werden dazu führen, dass Seelsorger vor neuen Herausforderungen stehen, auf die sie so in ihrer Ausbildung nicht vorbereitet wurden. Ein lebenslanges Lernen der Mitarbeiter wird also auch in der Kirche in Zukunft immer wichtiger werden. Trotzdem ist die Personalentwicklung in der Kirche bislang noch nicht wirklich flächendeckend angekommen. Außerdem ist die wissenschaftliche Reflexion der strategischen Personalentwicklung in der Kirche noch sehr lückenhaft. Die (Pastoral-) Theologie hat die Personalentwicklung innerhalb der Kirche noch nicht wirklich als Thema für sich entdeckt. Die Praxis in den Ordinariaten ist der Theorie in der wissenschaftlichen Theologie um Längen voraus. Neben ein paar wenigen Artikeln gibt es bislang nur eine Monografie, die sich ausdrücklich diesem Themenfeld widmet. Dabei handelt es sich um die Dissertationsschrift von Christine Schrappe, die im Jahr 2012 veröffentlicht wurde.[2] Aufgrund der sehr überschaubaren Auswahl an Literatur zu dem Thema, finden sich im Literaturverzeichnis dieser Arbeit wohl mehr oder minder alle theologischen Veröffentlichungen, die sich mit der strategischen Personalentwicklung in der Kirche beschäftigen. Gleichzeitig wurde in größerem Umfang dort auf betriebswirtschaftliche Literatur zurückgegriffen, wo es nötig war, Begriffe, Vorgehensweise und Methoden der Personalentwicklung zu erläutern. In der Betriebswirtschaftslehre gibt es kein „Lehramt", niemanden der Definitionen verbindlich vorlegt. Deswegen muss in dieser Arbeit an vielen Stellen erst einmal definiert werden, in welchem Sinn bestimmte Begriffe verstanden werden, bevor mit ihnen gearbeitet werden kann.

Themen aus der Betriebswirtschaftslehre scheinen in der Kirche immer verdächtig und werden besonders argwöhnisch begutachtet. „Schließlich ist die Kirche doch kein Unternehmen!", so jedenfalls lautet ein vielgehörter Einwand. Gleichzeitig stehen aber in den deutschen Diözesen mehr Menschen in Brot und Lohn als in den meisten mittelständigen Unternehmen. Und auch die

---

[1] Aus Gründen der sprachlichen Vereinfachung und dem allgemeinen deutschen Sprachgebrauch folgend wird im Text auch dann nur die männliche Form angeführt, wenn beide Geschlechter gemeint sind. Damit ist keinerlei Wertung verbunden.
[2] *C. Schrappe*, Personalentwicklung im Bereich Seelsorgepersonal. Ein Schlüsselinstrument zur Gestaltung einer zukunftsfähigen Kirche (Studien zur Theologie und Praxis der Seelsorge; 88), Würzburg 2012.

Praxis zeigt, dass vielfach auch im kirchlichen Kontext auf betriebswirtschaftliches Wissen zurückgegriffen wird. Ziel dieser Untersuchung wird es also sein, die mittlerweile vielerorts gängige Praxis der strategischen Personalentwicklung theoretisch zu reflektieren und theologisch zu fundieren. Hauptaugenmerk wird dabei darauf liegen, wie Kirche mit den Kompetenzen ihrer Mitarbeiter umgeht. Dabei hat die Untersuchung hauptamtliche Mitarbeiter in der Seelsorge (Priester, Diakone, Pastoral- und Gemeindereferenten) im Blick. Der Einfachheit halber wird an vielen Stellen lediglich von „Mitarbeitern" die Rede sein. Die gewonnenen Erkenntnisse lassen sich aber auch auf andere kirchliche Mitarbeiter, beispielsweise in der Verwaltung, übertragen. Ferner kann diese Arbeit nur die Untersuchung der Berufsphase leisten. Eine Untersuchung der Entwicklung der Kompetenzen künftiger kirchlicher Mitarbeiter in der Ausbildungsphase bleibt ein Desiderat der Forschung. Die Forschungsfrage, die dieser Arbeit zugrunde liegt ist eine dreifache:

Zunächst wird in Kapitel 2 grundsätzlich zu klären sein, was unter „strategischer Personalentwicklung" verstanden wird. Dazu wird neben einem kurzen historischen Abriss, der Hintergründe der Personalentwicklung und deren Entstehen erklärt, eine Definition gegeben werden, anhand derer bestimmte Elemente der Personalentwicklung herausgestellt werden. Sodann wird darauf eingegangen werden, wie Kirche und strategische Personalentwicklung zusammenpassen. Der Einwand, dass es sich bei Kirche um kein Unternehmen handelt und deswegen auch unternehmerische Methoden wie die Personalentwicklung keine Anwendung finden können, wird zu entkräften sein, bevor gezeigt werden kann, warum eine strategische Personalentwicklung in der Kirche auch aus theologischen und anthropologischen Gründen sinnvoll, ja geradezu geboten ist.

Der Untertitel dieser Untersuchung lautet: „Zwischen Kompetenz, Potenzial und Charisma". Folglich soll in Kapitel 3 und 4 herausgearbeitet werden, wie Kirche strategische Personalentwicklung bislang einsetzt, um die Kompetenzen ihrer Mitarbeiter zu erfassen und zu entwickeln. Das Kapitel bewegt sich dabei von der Theorie zur Praxis. Zunächst wird das Verhältnis des Begriffs „Kompetenz" zu den Begriffen „Potenzial" und „Charisma" zu bestimmen sein. Sodann wird der Ist-Zustand des kirchlichen Kompetenzmanagements anhand eines Instruments der strategischen Personalentwicklung beleuchtet werden: dem Mitarbeitergespräch. Auch hier steht zunächst die Vermittlung der theoretischen Grundlagen zum Mitarbeitergespräch im Vordergrund. Auch dies geschieht anhand der gängigen betriebswirtschaftlichen Literatur. Im Anschluss daran soll die Umsetzung des Mitarbeitergesprächs exemplarisch in drei Diözesen anhand von Leitfäden für das Mitarbeitergespräch analysiert werden. Dabei wird einerseits insbesondere auf die Rezeption der betriebswissenschaftlichen Literatur in der Erstellung der Leitfäden, andererseits aber auch auf Besonderheiten der kirchlichen Leitfäden zu achten sein. Im Hintergrund steht die Frage danach, ob es so etwas wie ein kirchliches Proprium strategischer Personalentwicklung gibt. Diese

Fragestellung spielt auch dann eine Rolle, wenn in einem weiteren Schritt die praktische Umsetzung des Mitarbeitergesprächs und des Kompetenzmanagements in der Kirche beleuchtet wird. Dies geschieht anhand der Analyse dreier Interviews, die der Verfasser dieser Arbeit mit Personalentwicklungsverantwortlichen einer Diözese, eines kirchlichen Wohlfahrtsverbands und eines Medienunternehmens geführt hat. Dabei sollen ganz dezidiert Gemeinsamkeiten und Unterschiede herausgearbeitet werden.

Im Schlusskapitel sollen die wesentlichen Ergebnisse der Analysen zusammengefasst und schließlich Zukunftsperspektiven für die strategische Personalentwicklung in der katholischen Kirche aufgezeigt werden, die sich aus den Beobachtungen dieser Untersuchung ergeben.

# 2 Personalentwicklung in der katholischen Kirche – Modetrend oder Notwendigkeit?

## 2.1 Personalentwicklung – Ein schillernder Begriff

### 2.1.1 Geschichte der Personalentwicklung

Kennzeichen einer modernen Welt sind unter anderem Globalisierung, Individualisierung, Flexibilisierung und hohe Mobilität. Diese Entwicklungen machen dabei auch vor der Arbeitswelt keinen Halt. Unternehmen konkurrieren heutzutage nicht mehr nur auf lokalen Märkten miteinander, sondern begegnen sich auf dem Weltmarkt. Dies führt zu einem erhöhten Wettbewerbsdruck. Manfred Becker beschreibt dies so: „Der Wettbewerb der Ideen, Produkte und Befähigungen nimmt im liberalisierten Weltmarkt stark zu."[3] Hinzu kommt, dass auch durch den rasanten technologischen Fortschritt Wissen eine zunehmend kürzere Halbwertszeit hat. Ein Unternehmen, das auf lange Sicht konkurrenzfähig bleiben will, muss zwangsläufig in die Fort- und Weiterbildung seiner Mitarbeiter investieren, um nicht durch den Wissensvorsprung anderer Unternehmungen abgehängt zu werden. Wissen gilt heute neben Arbeit, Kapital und Boden als neuer Produktionsfaktor.[4] Die Unternehmen haben das Potenzial der „Ressource" Mitarbeiter erkannt. Dabei handelte es sich um eine prozesshafte Erkenntnis. Über ihren Verlauf geben Rolf Wunderer und Thomas Kuhn eine Übersicht in fünf Phasen:[5]

Das Personalwesen stand bis in die 1960er Jahre unter dem Schlagwort „Bürokratisierung". Die Arbeit der Personalabteilungen bestand in der Personalverwaltung, d. h. im Führen und Pflegen von Personalakten. Personalentscheidungen wurden gewissermaßen nebenbei getroffen, die Verwaltung stand im Vordergrund. Daran schloss sich die Phase der „Institutionalisierung" an. Im Vordergrund stand die „Anpassung des Personals an organisatorische Anforderungen"[6]. Die Personalabteilungen wurden zentralisiert und professionalisiert. Eine dritte Phase nach Wunderer und Kuhn stellte die „Humanisierung" dar, die sich in den 1970er Jahren im Personalwesen durchsetzte. Es wurde nun nicht mehr versucht, das Personal an die Organisation anzupassen. Vielmehr galt es jetzt, die Organisation an die Mitarbeiter anzupassen. In einer vierten Phase, der sogenannten „Ökonomisierung", erfolgte die „Anpassung von Organisation und Personal an veränderte Rahmenbedingungen nach Wirtschaftlichkeitsaspekten"[7]. Es wurde versucht, durch Rationalisierung, Flexibilisierung von Arbeit bzw. Freisetzung von Mitarbeitern, das

---

[3] *M. Becker*, Personalentwicklung. Bildung, Förderung und Organisationsentwicklung in Theorie und Praxis, Stuttgart [6]2013, 2.

[4] Vgl. *A. Wien*; *N. Franzke*, Systematische Personalentwicklung. 18 Strategien zur Implementierung eines erfolgreichen Personalentwicklungskonzepts, Wiesbaden 2013, 5f.

[5] Vgl. dazu und im Folgenden: *R. Wunderer*; *T. Kuhn*, Unternehmerisches Personalmanagement – zentraler Ansatzpunkt zur Förderung unternehmerischen Verhaltens, in: Dies. (Hg.), Innovatives Personalmanagement. Theorie und Praxis unternehmerischer Personalarbeit, Neuwied 1995, 3-20, hier: 16. Der Hinweis auf diese Darstellung findet sich bei *Schrappe*, Personalentwicklung im Bereich Seelsorgepersonal (Anm. 2), 53.

[6] *Wunderer*; *Kuhn*, Unternehmerisches Personalmanagement (Anm. 5), 16.

[7] *Wunderer*; *Kuhn*, Unternehmerisches Personalmanagement (Anm. 5), 16.

Personalwesen möglichst ökonomisch zu gestalten. In den 1990er Jahren erfolgte dann das große Umdenken. Der Mitarbeiter wird zum „Mitunternehmer" und fortan als „wichtigste, wertvollste und sensitivste Unternehmensressource"[8] betrachtet.

Innerhalb dieser Entwicklung des Personalwesens im 20. Jhd. entsteht in der Betriebswirtschaftslehre eine neue Disziplin, die sich „Personalentwicklung"[9] nennt. Ist der Mitarbeiter als wichtigste Ressource eines Unternehmens identifiziert, ist es nur sachlogisch konsequent, wenn versucht wird, diese „Ressource" zu fördern, um sie auch optimal „nutzen" zu können. Erste Monographien zur PE erscheinen in den 1980er Jahren.[10]

Auch die Personalentwicklung hat ihrerseits trotz ihrer „kurzen Geschichte" einige Veränderungen und Entwicklungen erlebt. Gerhard Kruip beschreibt die „drei Generationen der Personalentwicklung"[11] folgendermaßen:

In der ersten Generation der Personalentwicklung erfolgte die Qualifizierung der Mitarbeiter noch planlos, ohne Konzepte und ohne Abstimmung auf die Unternehmensstrategie. „In der zweiten Generation von Personalentwicklungskonzepten werden bereits Bedarfsermittlung, Personalbeschaffung und Potentialerkennung künftiger Führungskräfte zu einem Gesamtkonzept zusammengefasst."[12] Personalentwicklung wird nun also systematisch auf die Unternehmensziele ausgerichtet und in das unternehmerische Gesamtkonzept eingebunden. Die „dritte Generation" von Personalentwicklungskonzepten ist durch einen Paradigmenwechsel gekennzeichnet: War zuvor bei der PE nur das Unternehmen im Blick, wird die Aufmerksamkeit nun auch maßgeblich auf die Mitarbeiter gelenkt. „Die Ware Arbeitskraft hat sich zum ‚internen Kunden' gemausert, der die Befriedigung seiner Ansprüche einklagt."[13] Arbeit wird heute nun nicht mehr bloß als Leistung des Mitarbeiters verstanden, der gewissermaßen für den Verlust von Lebens- bzw. Freizeit finanziell entschädigt wird. Vielmehr soll die Arbeit selbst der Selbstverwirklichung eines jeden Mitarbeiters dienen. Die Mitarbeiter sind folglich nicht mehr nur Objekte der Personalentwicklung, sondern deren Subjekte. Kruip fasst die „dritte Generation" der Personalentwicklung wie folgt zusammen:

> „Die freie Wirtschaft hat erkannt, daß die Mitarbeiter nicht nur einen Kostenfaktor, sondern das wertvollste Potential des Unternehmens darstellen, daß Kreativität und Motivation von Schlüsselpersonen oft wichtiger sind als neueste Technik und der Einsatz neuester betriebswirtschaftlicher Erkenntnis."[14]

---

[8] Ebd.
[9] Nachfolgend auch als „PE" abgekürzt.
[10] Vgl. *Schrappe*, Personalentwicklung im Bereich Seelsorgepersonal (Anm. 2), 52.
[11] Vgl. dazu und im Folgenden: *G. Kruip*, Das Humankapital pflegen. Auch die Kirche bedarf dringend der Personalentwicklung, in: HerKorr 53 (1999) 245-249, hier: 246.
[12] Ebd.
[13] Ebd.
[14] Ebd.

Insofern ist heute „Personalentwicklung [...] zur Schlüsselfunktion der Wettbewerbsfähigkeit und der Beschäftigungsfähigkeit aufgestiegen."[15] Gleichwohl gilt es zwischen Ideal und Wirklichkeit zu unterscheiden. Nur weil theoretisch die Bedeutung der Personalentwicklung erkannt ist, heißt das in der Konsequenz noch nicht, dass diese in jedem Unternehmen optimal umgesetzt wird. Dennoch lohnt es sich aufgrund der Relevanz, die der Personalentwicklung zugesprochen wird, sich mit der PE auseinanderzusetzen.

## 2.1.2 Personalentwicklung – Eine (Arbeits-)Definition

Ist damit die Entwicklung des Personalmanagements und der PE in den letzten Jahrzehnten beschrieben, fehlt es immer noch an einer inhaltlichen Bestimmung. Wer wissen will, was sich hinter dem Begriff der „Personalentwicklung" verbirgt, wird nicht umhinkommen, eine der zahlreichen Definitionen aus der wissenschaftlichen Literatur zu konsultieren. Was dabei jedoch auffällt, ist, dass es keine eindeutige Definition der PE gibt. Vielmehr handelt es sich bei der Personalentwicklung um einen geradezu „schillernden" Begriff. Da es jedoch unabdingbar für diese Untersuchung ist, von einem eindeutigen Begriff der Personalentwicklung ausgehen zu können, soll zunächst die Definition der PE nach Manfred Becker zugrunde gelegt werden, dessen Monographie zur Personalentwicklung[16] als Standardwerk gilt und in der Literatur breit rezipiert wird. Becker definiert darin Personalentwicklung wie folgt:

> „Personalentwicklung umfasst alle Maßnahmen der Bildung, der Förderung und der Organisationsentwicklung, die von einer Person oder Organisation zur Erreichung spezieller Zwecke zielgerichtet, systematisch und methodisch geplant, realisiert und evaluiert werden."[17]

Nach Becker hat die PE also drei Inhaltsbereiche inne. Sie umfasst sowohl die (Aus-)Bildung als auch die Förderung der Arbeitnehmer sowie die Entwicklung der gesamten Organisation. Ihre Maßnahmen sollen bestimmten Zielen dienen, sie sollen mithilfe einer bestimmten Systematik und Methodik durchgeführt und im Anschluss daran ihre Umsetzung überprüft werden. Die Definition Beckers kann damit wohl beanspruchen, die Personalentwicklung in ihrer ganzen Breite zu beschreiben, insofern sie nicht nur die Entwicklung einzelner Personen, also der Mitarbeiter eines Unternehmens im Blick hat, sondern auch die Entwicklung des Unternehmens selbst. Es fehlt ihr allerdings an einer gewissen Tiefe, wenn man danach fragt, was die PE in Bezug auf die konkrete Entwicklung der Mitarbeiter eines Unternehmens leisten soll. Deshalb soll die Definition nach Becker an dieser Stelle um einzelne Elemente ergänzt werden, die Wolfgang Mentzel in seiner Definition der PE darlegt. Er sieht die Personalentwicklung darin gefordert, „die

---

[15] *Becker*, Personalentwicklung (Anm. 3), 2.
[16] Vgl. dazu: Anm. 3.
[17] *Becker*, Personalentwicklung (Anm. 3), 5.

vorhandenen Fähigkeiten und Neigungen der Mitarbeiter zu erkennen, zu entwickeln und sie mit den jeweiligen Erfordernissen der Arbeitsplätze in Übereinstimmung zu bringen."[18] Mentzel setzt bei dem an, was die Mitarbeiter bereits an „Fähigkeiten und Neigungen" einzubringen haben und sieht die PE darin gefordert, diese einerseits zu entwickeln, andererseits aber auch in Einklang zu bringen mit dem, was der jeweilige Arbeitsplatz fordert. Des Weiteren verweist er darauf, dass die Maßnahmen der PE der „individuellen beruflichen Entwicklung der Mitarbeiter dienen und ihnen unter Beachtung ihrer persönlichen Interessen die zur Durchführung ihrer Aufgaben erforderlichen Qualifikationen vermitteln"[19] müssen. Als Arbeitsdefinition der PE soll für diese Untersuchung eine um die Überlegungen Mentzels erweiterte Definition von Becker dienen. Diese lautet wie folgt:

> „Personalentwicklung umfasst alle Maßnahmen der Bildung und der Förderung einzelner Mitarbeiter im Hinblick auf ihre individuelle berufliche Entwicklung und unter besonderer Berücksichtigung ihrer Fähigkeiten und Neigungen sowie der Organisationsentwicklung, die von einer Person oder Organisation zur Erreichung spezieller Zwecke zielgerichtet, systematisch und methodisch geplant, realisiert und evaluiert werden."

Ist damit eine Definition der Personalentwicklung vorgelegt, sollen im Folgenden einzelne Elemente daraus genauer dargestellt werden.

## 2.1.2.1 Ziele der Personalentwicklung

In der Arbeitsdefinition ist davon die Rede, dass die PE zum einen zur „Erreichung spezieller Zwecke" dient und dies zum anderen „zielgerichtet" verwirklicht wird. Im Folgenden soll eine tabellarische Übersicht über die unterschiedlichen Ziele nach Mentzel gegeben werden, die einerseits die Unternehmung, andererseits die Mitarbeiter mit Hilfe der Entwicklungsmaßnahmen der PE verfolgen.

---

[18] *W. Mentzel*, Personalentwicklung. Wie Sie Ihre Mitarbeiter fördern und weiterbilden, München [4]2012, 1.
[19] Ebd.

| Ziele der Unternehmung | Ziele der Mitarbeiter |
|---|---|
| • Sicherung des notwendigen Bestands an Fach- und Führungskräften<br>• Erhaltung der vorhandenen Qualifikationen der Mitarbeiter<br>• Anpassung der Qualifikationen der Mitarbeiter an veränderte Gegebenheiten der Arbeitsplätze<br>• Vorbereitung auf höherwertige Tätigkeiten<br>• Vermittlung von Zusatzqualifikationen als Grundlage einer größeren Flexibilität und Anpassungsfähigkeit beim Personaleinsatz<br>• Verbesserung des Leistungsverhaltens der Mitarbeiter<br>• Vermittlung von Schlüsselqualifikationen und Entwicklung von beruflichen Kompetenzen (soziale Kompetenz, Fach- und Methodenkompetenz)<br>• Verbesserung der Chance zur Selbstverwirklichung durch anspruchsvollere Aufgaben<br>• Motivation der Mitarbeiter<br>• Erhöhung der Bereitschaft, Änderungen zu verstehen oder herbeizuführen | • Anpassung der persönlichen Qualifikation an die Ansprüche des Arbeitsplatzes<br>• Grundlage für den persönlichen Aufstieg (Karriereplanung)<br>• größere individuelle Mobilität am Arbeitsmarkt<br>• Sicherung der erreichten Stellung in Beruf und Gesellschaft<br>• Sicherung eines ausreichenden Arbeitseinkommens<br>• größere Chance der Selbstverwirklichung am Arbeitsplatz durch Übernahme anspruchsvollerer Aufgaben<br>• Arbeitsplatzsicherheit und Arbeitszufriedenheit<br>• Erschließen und Verbessern bisher ungenutzter persönlicher Fähigkeiten<br>• Persönlichkeitsentwicklung und -bildung<br>• Befriedigung individueller Bildungsbedürfnisse<br>• Übernahme größerer Verantwortung |

Tabelle 1: Zielvorstellungen von Unternehmen und Mitarbeitern (eigene Darstellung nach: *Mentzel*, Personalentwicklung (Anm. 18), 10-12).

Aus der Übersicht geht hervor, dass die Ziele, die das Unternehmen und die Mitarbeiter mit einer Maßnahme der PE anstreben, nicht immer kongruent sind. Während das Unternehmen sich von der Qualifikation seiner Mitarbeiter einen Mehrwert an Leistung und Einsetzbarkeit erhofft, steht bei den Mitarbeitern die individuelle Entwicklung im Vordergrund. Dies kann sogar so weit gehen, dass sich die Mitarbeiter durch Entwicklungsmaßnahmen eine größere Mobilität am Arbeitsmarkt erhoffen und so eine solche Maßnahme dem Unternehmen nicht nur nicht zuträglich, sondern geradezu schädlich ist. In der Regel müssen sich die unterschiedlichen Zielvorstellungen aber nicht widersprechen. Zum einen erhöht das Unternehmen die Motivation seiner Mitarbeiter, wenn die PE auf deren „Fähigkeiten und Neigungen" abgestimmt ist und die jeweilige „individuelle berufliche Entwicklung" im Blick hat. Zum anderen „dient es in vielen Situationen den Interessen der Mitarbeiter, wenn sich die Personalentwicklungsmaßnahmen primär am betrieblichen Bedarf orientieren."[20] Denn so bleibt das Unternehmen wettbewerbsfähig und die Arbeitsplätze der Mitarbeiter und deren Einkommen garantiert.

---

[20] *Mentzel*, Personalentwicklung (Anm. 18), 13.

## 2.1.2.2 Strategische Personalentwicklung

Neben der Zielgerichtetheit spielt in der dargelegten Definition der PE auch die systematische Ausrichtung eine Rolle. Nur wenn die Personalentwicklung systematisch geplant wird, kann sie dem Unternehmen und den Mitarbeitern nutzen. Nach Becker ist die Systematisierung der Personalentwicklung an vielen Stellen jedoch noch nicht vollzogen:

> „So ist es auch in der Personalentwicklung immer noch keine Seltenheit, wenn die Verantwortlichen der Personalentwicklung Maßnahmen ohne systematische Bedarfsanalyse, ohne Prüfung geeigneter Durchführung und ohne leistungsfähige Methoden der Evaluierung realisieren. Vieles in der Personalentwicklung ist vom Zufall bestimmt."[21]

Was Becker hier kritisiert ist die mangelnde Orientierung der Personalentwicklung an der Unternehmensstrategie. Weil niemand weiß, welchen Bedarf das Unternehmen hat, hält der Zufall Einzug in die PE. Mitarbeiter erhalten zwar womöglich Weiterbildungen, können dann aber ihr neu gewonnenes Wissen im beruflichen Kontext nicht anwenden, weil dieses Wissen für den Unternehmensalltag nicht relevant ist. Ferner werden Lernerfolge nur selten überprüft. So kann es sein, dass Mitarbeiter teure Fortbildungen erhalten, ohne dass diese tatsächlich etwas dazulernen. Dies kann einerseits sicherlich am einzelnen Mitarbeiter liegen, andererseits wären auch methodische Schwächen einer Weiterbildungsmaßnahme denkbar und somit eine systematische Überprüfung der Maßnahme geboten. In der Praxis scheint dies allerdings häufig noch nicht der Fall zu sein. Wo immer es jedoch gelingt, die Personalentwicklung mit der Unternehmensstrategie in Einklang zu bringen, ja diese sogar zu einem Teilbereich der Strategie des Unternehmens werden zu lassen, wo Entwicklungsmaßnahmen entsprechend der Unternehmensstrategie geplant und anschließend evaluiert werden, dort spricht man von einer „strategischen Personalentwicklung".

Der Begriff „Strategie" hat seine Wurzeln im griechischen Wort „ὁ στρατηγός", das aus dem Militärbereich stammt und sich mit „Heerführer" übersetzen lässt.[22] In der Betriebswirtschaftslehre taucht der Begriff der „Strategie", der hier das erfolgreiche Führen eines Unternehmens und nicht mehr das Leiten militärischer Kräfte meint, das erste Mal in den 1960er Jahren auf.[23] Von einer strategischen Unternehmensführung spricht man, wenn alle Aktivitäten eines Unternehmens aufeinander und auf das angestrebte Unternehmensziel abgestimmt sind.[24]

---

[21] *M. Becker*, Systematische Personalentwicklung. Planung, Steuerung und Kontrolle im Funktionszyklus, Stuttgart 2005, V.

[22] Vgl. *W. Pape*, Griechisch-deutsches Handwörterbuch. Nachdruck der dritten Auflage, bearbeitet von M. Sengenbusch. Zweiter Band Λ-Ω. Graz 1954, 951.

[23] Vgl. *M. T. Meifert*, Was ist strategisch an der strategischen Personalentwicklung?, in: Ders. (Hg.), Strategische Personalentwicklung. Ein Programm in acht Etappen, Wiesbaden [3]2013, 3-28, hier: 16.

[24] Vgl. ebd., 17.

Man könnte auch von einem planvollen Handeln eines Unternehmens sprechen. Die Strategie „ist für die Geschäftsführung der zentrale Masterplan für die weitere Unternehmensentwicklung."[25]

Die strategische PE orientiert sich an diesem „Masterplan". Sie wird sogar ein Teil dessen. Denn nach Mentzel handelt es sich bei der Personalentwicklung um eine „unerlässliche Komponente einer erfolgreichen Unternehmensstrategie"[26]. Matthias T. Meifert definiert das Verhältnis von Personalentwicklung und Unternehmensstrategie folgendermaßen: „Der Auftrag der Funktion Personalentwicklung ist es, den Erfolg der Organisation dadurch zu erhöhen, dass sie Entscheidungen fundiert und verbessert, die Auswirkungen auf Mitarbeiter haben."[27] Schrappe weist ferner darauf hin, dass strategische Personalentwicklung und „hoher Reifungsgrad" eines Unternehmens korrelieren.[28] Strategische PE analysiert sowohl die Rahmenbedingungen einer Unternehmung sowie deren interne Struktur und leitet daraus entsprechend Entwicklungsmaßnahmen ab.[29]

### 2.1.2.3 Organisationsentwicklung – Der zweite „Lungenflügel" der PE

Ein letztes Element der Definition, das näher betrachtet werden soll, ist die Organisationsentwicklung[30]. Auf den ersten Blick mag es überraschen, dass Becker die Organisationsentwicklung als Teil der Personalentwicklung betrachtet. In dem einen Fall scheint es um die Veränderung einer Institution zu gehen, in dem anderen Fall handelt es sich um die Weiterbildung individueller Personen. Es stellt sich somit die Frage, worin also der Zusammenhang von Personal- und Organisationsentwicklung besteht. Dazu ist es zunächst nötig zu fragen, was eine Organisation ist und was Organisationsentwicklung tatsächlich meint. Unter einer Organisation lässt sich folgendes verstehen: Eine „Institution [...], in der eine abgegrenzte Gruppe von Personen (Organisationsmitglieder) ein auf Dauer angelegtes Regelsystem planvoll schaffen [sic!], um gemeinsame Ziele zu verfolgen."[31] Entscheidend ist also erstens, dass es sich um eine Mehrzahl an Personen handelt, die zweitens eine geschlossene Gruppe bildet und drittens nach festgelegten Regeln zusammenarbeitet, um viertens bestimmte Ziele zu verwirklichen. Bei einer Organisation handelt es sich also nicht nur um ein abstraktes Gebilde, sondern sie besteht aus konkreten Personen mit gemeinsamer Zielvorstellung. Den Aspekt der Entwicklung in Bezug auf die Organisation sieht Becker allgemein in der „Transformation eines Zustandes in einen anderen, besseren Zustand"[32]. Es geht also um die Optimierung der

---

[25] *Meifert*, Was ist strategisch an der strategischen Personalentwicklung? (Anm. 23), 18.
[26] *Mentzel*, Personalentwicklung (Anm. 18), 4.
[27] *Meifert*, Was ist strategisch an der strategischen Personalentwicklung? (Anm. 23), 16.
[28] Vgl. *Schrappe*, Personalentwicklung im Bereich Seelsorgepersonal (Anm. 2), 63.
[29] Vgl. ebd.
[30] Nachfolgend auch als „OE" abgekürzt.
[31] *Becker*, Personalentwicklung (Anm. 3), 719.
[32] Ebd., 721.

Organisation bzw. der Organisationsstrukturen und –abläufe. Deswegen definiert Becker die Organisationsentwicklung im Ganzen auch wie folgt:

> „Organisationsentwicklung soll verstanden werden als dauerhafter, managementgeleiteter zielbezogener Prozess der Veränderung von Strukturen, Prozessen, Personen und Beziehungen, die eine Organisation systematisch plant, realisiert und evaluiert. OE ist ein Konzept des übergreifenden, ganzheitlichen und geplanten Wandels.“[33]

Die Definition legt darauf Wert, dass es sich bei der OE um einen andauernden Prozess handelt. Dies mag zunächst verwundern, könnte man doch meinen, dass bei Unternehmen, die immer auch in einer gewissen Weise hierarchisch organisiert sind, lediglich punktuelle Anpassungen vonnöten sind, die durch die Führungsebene vorgegeben und durch die Mitarbeiter umgesetzt werden. Dass punktuelle Anpassungen aber geradezu utopisch sind, erklärt Klaus Roos damit, dass Organisationen „autopoietische, selbstreferentielle Systeme [sind]. Das heißt: Die verinnerlichten Verhaltensmuster und Wertvorstellungen, die eingespielten Kommunikationsabläufe, die gewachsenen Strukturen und Kulturen prägen das System stärker als das lenkende Handeln der Spitze.“[34] Neben den Organisationsstrukturen bezieht sich Beckers Definition der OE auch ausdrücklich auf die Personen, die eine Organisation bilden. Dass es bei der Organisationsentwicklung auch um den einzelnen Mitarbeiter geht, wird darin deutlich, dass die OE immer auch ein bestimmtes Menschenbild voraussetzt.[35] Um dies zu verstehen, ist es notwendig in Anlehnung an Jutta Schwarz kurz auf die Managementtheorien des 20. Jahrhunderts einzugehen.[36]

Zu Beginn des 20. Jahrhunderts entwickelte Frederick W. Taylor eine Theorie, nach der die Arbeitsprozesse in möglichst viele einzelne Arbeitsschritte ausdifferenziert wurden. Die Arbeiter sollten durch die stetige Wiederholung des Arbeitsschrittes, für den sie zuständig waren, ihre Effektivität steigern. Diese Akkordarbeit führte aber zu Unmut unter den Arbeitern. „Sie litten unter der Monotonie ihrer Tätigkeit.“[37] Eine Theorie, die sich an den „Taylorismus“ anschloss, war die sogenannte „Ökonomische Psychotechnik“, die versuchte, das Arbeitsumfeld so zu gestalten, dass sich sowohl Arbeitsfreude als auch Leistung steigerten. „Das Bild vom Arbeiter war in der Ära der ökonomischen Psychotechnik gegenüber Taylors Ansätzen noch weitgehend unverändert, so dass dieser Ansatz nicht zum Durchbruch führte.“[38] In einer dritten Phase, der sogenannten „Human Relations-Bewegung“, schlug sich die Erkenntnis nieder, dass die Produktivität der

---

[33] *Becker*, Personalentwicklung (Anm. 3), 722.
[34] *K. Roos*, Mehr als Fortbildung ... – von der Personal- zur Organisationsentwicklung, in A. Heller; T. Krobath (Hg.), OrganisationsEthik. Organisationsentwicklung in Kirchen, Caritas und Diakonie (Palliativ Care und OrganisationsEthik; 7), Freiburg i. Br. 2003, 226-236, hier: 230.
[35] Vgl. *Becker*, Personalentwicklung (Anm. 3), 730-732.
[36] Vgl. dazu und im Folgenden: *J. Schwarz*, Organisationsentwicklung – Theoretischer Hintergrund und Fragen aus kirchlicher Sicht, in: PThI 20 (2000/1) 42-50, hier: 43-47.
[37] Ebd., 44.
[38] Ebd.

Arbeiter nicht von physikalischen Bedingungen ihres Arbeitsplatzes, sondern vielmehr vom sozialen Umfeld am Arbeitsplatz abhängt. In den 1950er Jahren rückten dann schließlich die Entwicklungsbedürfnisse des Mitarbeiters in den Fokus der Aufmerksamkeit. Es kann sich schließlich die Erkenntnis durchsetzen, dass der „Mensch [...] auch nach *persönlichem Wachstum* [...] und *individueller Selbstverwirklichung*"[39] strebt. Diese Erkenntnis bzw. dieses deutlich positivere Menschenbild, das von einem wirklichen Interesse des Menschen an seiner Arbeit ausgeht, insofern er sich dadurch selbst verwirklichen kann, und nicht mehr davon, dass der Mensch zur Arbeit gezwungen werden muss, schlägt sich schließlich auch in der Organisationsentwicklung nieder.[40] Damit verfolgt die OE nach Schwarz ein doppeltes Ziel: „Zum einen soll die *Effektivität* des Unternehmens erhöht werden, zum anderen eröffnet sie dem arbeitenden Menschen bessere Perspektiven zu *Selbstverwirklichung* im Arbeitsprozess."[41]

Insofern also die Organisationsentwicklung immer auch die berufliche Entwicklung des einzelnen Mitarbeiters und dessen „individuelle Selbstverwirklichung" im Blick hat, lässt sich die OE nicht von der Personalentwicklung trennen. Yvonne Russel und Hermann-Josef Groß formulieren die enge Verbindung zwischen Organisations- und Personalentwicklung pointiert:

> „Die berufspraktische Erfahrung zeigt ironischerweise, dass die Personalentwickler manchmal gar die heimlichen Organisationsentwickler sind und die Organisationsentwickler die heimlichen Personalentwickler. Zumindest haben beide Seiten hohe Erwartungen an die Lösungskompetenz der jeweils anderen Seite."[42]

Organisationsentwicklung und Personalentwicklung sind also gewissermaßen die beiden Lungenflügel des Personalmanagements. Erst im Zusammenspiel beider lässt sich das gesamte Entwicklungspotenzial eines Unternehmens und seiner Mitarbeiter ausschöpfen. Deshalb dürfen OE und PE auch nie isoliert betrachtet werden, denn „[e]ine nur an den Personen orientierte Personalentwicklung kann für die Frage der Weiterentwicklung bzw. der Reformfähigkeit einer Organisation und für das Personal sogar kontra-produktive Folgen haben."[43]

## 2.2 Die Kirche (k)ein Unternehmen?

Ist nun die Relevanz der Personalentwicklung im Sinne der Wettbewerbsfähigkeit eines Unternehmens plausibel gemacht und ferner definiert, was unter Personalentwicklung verstanden wird, so stellt sich nun die Frage, was die Kirche mit der Personalentwicklung zu tun hat. „Die Kirche ist doch kein Unternehmen!" Dieses Argument wird häufig dann vorgebracht, wenn auch nur im

---

[39] *Schwarz*, Organisationsentwicklung (Anm. 36), 45. Hervorhebung im Original.
[40] Vgl. *Becker*, Personalentwicklung (Anm. 3), 730-732.
[41] *Schwarz*, Organisationsentwicklung (Anm. 36), 45. Hervorhebung im Original.
[42] *Y. Russel; H.-J. Groß*, Personalentwicklung im Bistum Trier: Ein Blick in die Werkstatt. Qualifizierungsmaßnahmen und Selbstlernprozesse unterstützen den Weg hin zu einer Lernenden Organisation, in: K. Brockmöller (Hg.), Gott beim Wort genommen, Norderstedt 2007, Anm. 3 (S. 47).
[43] *Schrappe*, Personalentwicklung im Bereich Seelsorgepersonal (Anm. 2), 179.

Entferntesten der Anschein erweckt wird, dass wirtschaftliches Denken oder gar Theorien aus der Betriebswirtschaft Einzug in die Kirche halten könnten. Wenn man der Kirche wirklich jeglichen unternehmerischen Charakter absprechen könnte, dann ergäbe es tatsächlich keinen Sinn Managementtheorien im kirchlichen Kontext anzuwenden. Dann wäre auch die Personalentwicklung für die Kirche belanglos. An dieser Stelle steht in gewisser Weise die Frage nach dem Wesen der Kirche. Ist die Kirche ein Unternehmen bzw. hat sie auch unternehmerische Züge, oder ist sie es nicht?

Um diese Frage zu beantworten, ist es zunächst nötig, die Struktur der Kirche als Organisation in den Blick zu nehmen. Dabei fällt auf, dass sich Kirche durchaus unter die Definition der Organisation nach Becker subsumieren lässt. Wir hatten gesehen, dass sich eine Organisation durch vier Elemente wesentlich auszeichnet: eine „Mehrzahl an Personen", die Bildung einer „abgeschlossenen Gruppe", die Schaffung eines „dauerhaften Regelsystems" und das Verfolgen „gemeinsamer Ziele". Diese vier Elemente treffen auch auf die Kirche zu. Niemand kann allein Kirche sein. Die „Mehrzahl an Personen" ist immer schon vorausgesetzt. [44] Des Weiteren handelt es sich bei der Kirche insofern um eine „abgeschlossene Gruppe", als dass die Taufe konstitutiv für die Eingliederung in die Kirche ist.[45] Ferner verfügt die Kirche ebenfalls über ein „dauerhaftes Regelsystem", das sich beispielsweise durch die Heilige Schrift, Konzilsbeschlüsse, Dogmen, Lehrentscheidungen oder kirchliches Recht speist. Schließlich besteht das „gemeinsame Ziel", das die Kirche als Gemeinschaft der Getauften verfolgt, in der Verkündigung des Evangeliums.[46] Walter Fürst und Burkard Severin formulieren den organisatorischen Charakter der Kirche folgendermaßen:

> „Selbst wenn man zurecht sagen kann, der Leib Christi *ist* keine Organisation, so bleibt doch unbestreitbar: Die Kirche (bzw. das Christentum) *bedarf* Organisation und *hat* faktisch schon immer eine bestimmte, geschichtlich gewachsene Organisation"[47].

Seit Mitte der 1980er Jahre wird nunmehr die Frage diskutiert, ob der Begriff des „Unternehmens" auf die Kirche zutrifft.[48] Bernd Jochen Hilberath lehnt den Begriff des „Unternehmens" für die Kirche ab, weil er ihren Kern nicht treffe, gibt aber zu bedenken,

> „daß die Kirche nicht ‚so von einem anderen Stern' ist, daß sie Beobachtungen bei Großorganisationen und Unternehmen vernachlässigen könnte. Kirche ist zwar nicht von dieser Welt, was ihre Gründung, ihre Stiftung, ihre bleibende Bestimmung und ihre Vision – das Reich Gottes – angeht. Aber schon die Ziele, die aus dieser Vision folgen bzw. ihrer Verwirklichung dienen, und erst recht die dazu nötigen Strategien, Strukturen, Kommunikations- und Interaktionsformen ergeben sich aus dem Charakter der Kirche als *corpus mixtum*."[49]

---

[44] Vgl. Mt 18,20.

[45] Vgl. c. 96 CIC.

[46] Vgl. Mt 28,19 f.; Zweites Vatikanisches Konzil, Dekret über die Missionstätigkeit der Kirche, 'Ad gentes', Nr. 1.

[47] *W. Fürst; B. Severin*, Organisationsentwicklung – Überlebensstrategie für die Kirche?, in: PThI 20 (2000/1) 51-75, hier: 54. Hervorhebungen im Original.

[48] Vgl. *A. Heller; T. Krobath*, Kirchen verstehen und als Organisationen gestalten, in: Dies. (Hg.), OrganisationsEthik. Organisationsentwicklung in Kirchen, Caritas und Diakonie (Palliative Care und OrganisationsEthik; 7), Freiburg i. Br. 2003, 14-43, hier: 27.

[49] *B. J. Hilberath*, Corporate Identity für das Unternehmen Kirche, in: ThQ 180 (2000) 54-71, hier: 60.

Der evangelische Theologe Wolfgang Nethöfel hingegen definiert Kirche als Unternehmen: „Kirchen sind Unternehmen, weil und solange sie *in* dieser Welt sind. Sie partizipieren an der Knappheitsordnung dieser Welt (ihrer ‚Ökonomie'), die Gott ‚nach Maß, Zahl und Gewicht geordnet' hat (Weish 11,20)."[50] Nach Nethöfel handelt es sich bei Kirche also um ein Unternehmen, das jedoch insofern einmalig ist, als dass es den Markt auf „das Umsonst der Gnade Gottes" hin ausrichtet.[51] „Im Unterschied zu säkularen Unternehmen verbietet es sich für die Kirche, das ‚Absichern der Institution' als Unternehmensziel zu deklarieren. Es geht um die Absicherung der Verkündigung der Frohen Botschaft in sich wandelnden Kontexten."[52] Wenn man also von Kirche als Unternehmen sprechen möchte, kann man dies nur so tun, dass gleichzeitig auch die Unterschiede zu anderen Unternehmen betont werden. Manfred Belok und Pius Bischofberger stellen diese Unterschiede heraus, indem sie von der Kirche als „pastorales Unternehmen"[53] sprechen. Außerdem halten sie fest, dass man nur von der „Kirche als Institution" als Unternehmen sprechen könne. Grundlage für diese Unterscheidung bildet LG 8, dort heißt es:

> „Die mit hierarchischen Organen ausgestattete Gesellschaft und der geheimnisvolle Leib Christi, die sichtbare Versammlung und die geistliche Gemeinschaft, die irdische Kirche und die mit himmlischen Gaben beschenkte Kirche sind nicht als zwei verschiedene Größen zu betrachten, sondern bilden eine einzige komplexe Wirklichkeit, die aus menschlichem und göttlichem Element zusammenwächst."[54]

Kirche meint demnach eine „komplexe Wirklichkeit". Einerseits ist Kirche die irdische Kirche als hierarchische Organisation, als sichtbare Versammlung. Andererseits ist Kirche aber auch himmlische Kirche, „geheimnisvoller Leib Christi". Aufgrund dieses doppelten Charakters von Kirche ist es durchaus möglich, den Begriff des Unternehmens auf die irdische Kirche anzuwenden, insofern sich diese durch organisationale Strukturen auszeichnet. Kirche ist „etwa im Blick auf solides Finanzgebahren, Personalpolitik und Arbeitsrecht usw. [...] Eigengesetzlichkeiten bürokratischer und wirtschaftlicher Art unterworfen" und muss folglich auch immer *„unternehmerisch' denken und handeln"*.[55]

Kirche ist also weit mehr als ein Unternehmen. Gleichzeitig ist Kirche aber auch ein Unternehmen, was ihre irdische Organisation angeht. Daraus folgt, dass sich Erkenntnisse aus der

---

[50] *W. Nethöfel*, Unternehmen Kirche? Bedeutung und Perspektiven einer Begriffsbestimmung, in: M. Thomé (Hg.), Theorie Kirchenmanagement. Potentiale des Wandels. Analysen – Positionen – Ideen, Bonn 1998, 58-66, hier: 58. Hervorhebung im Original.

[51] Vgl. ebd.

[52] *Schrappe*, Personalentwicklung im Bereich Seelsorgepersonal (Anm. 2), 75.

[53] *M. Belok; P. Bischofberger*, Einführung: Zur ökonomischen und theologischen Perspektive des Kirche-Seins heute, in: Dies. (Hg.), Kirche als pastorales Unternehmen. Anstöße für die kirchliche Praxis (Forum Pastoral; 4), Zürich 2008, 12-30, hier: 14.

[54] Zweites Vatikanisches Konzil, Kirchenkonstitution, 'Lumen Gentium', Nr. 8.

[55] *Fürst; Severin*, Organisationsentwicklung – Überlebensstrategie für die Kirche? (Anm. 47), 61. Hervorhebungen im Original.

Betriebswirtschaftslehre sehr wohl auch auf das „Unternehmen Kirche" übertragen lassen. Personalentwicklung wird so auch zu einem Thema, das für die Kirche relevant sein kann.

## 2.3 „Prüft alles, und behaltet das Gute!" (1 Thess 5,21) - Über die Notwendigkeit der PE in der katholischen Kirche

### 2.3.1 Kirchliche Dokumente zur Weiterbildung

Wenngleich der Begriff der „Personalentwicklung" in gesamtkirchlichen Dokumenten keine Verwendung findet, so gibt es doch einige Texte, die sich mit der Fortbildung von Priestern beschäftigen. Rechtlich besteht für Priester gar eine Pflicht, sich auch nach Abschluss des Studiums theologisch weiterzubilden.[56] Des Weiteren sind Priester ebenfalls verpflichtet, „die Kenntnis anderer Wissenschaften, vor allem derer, die mit den theologischen verbunden sind, zu erweitern, soweit sie im besonderen zur Ausübung des seelsorglichen Dienstes beiträgt."[57] Die Kirche möchte also mit dieser rechtlichen Regelung sicherstellen, dass die Priester durch beständige Weiterbildung ihren seelsorglichen Aufgaben bestmöglich nachkommen können. Die Konzilsväter des Zweiten Vatikanischen Konzils begründen in *Optatam totius* die Notwendigkeit der Fortbildung folgendermaßen: „Die priesterliche Bildung muß gerade wegen der Bedürfnisse der heutigen Gesellschaft auch nach abgeschlossenem Seminarstudium noch fortgesetzt und vervollständigt werden."[58] Offensichtlich rechnen die Konzilsväter bereits damit, dass moderne Gesellschaften einem beständigen und immer schnelleren Wandel unterliegen und so die Weiterbildung der Priester unabdingbar ist.

Papst Johannes Paul II. gibt in seinem Nachsynodalen Apostolischen Schreiben *Pastores dabo vobis* eine zweifache Begründung für die Fortbildung der Priester. Eigentlicher Grund der Fortbildung sind nach Johannes Paul II. die in der Priesterweihe empfangenen Gnadengaben, die es immer wieder aufs Neue zu entfachen gilt.[59] Gleichzeitig „fehlen keineswegs auch einfach menschliche Gründe, die den Priester zur Realisierung einer Weiterbildung veranlassen. Sie ist ein Erfordernis fortschreitender Selbstverwirklichung"[60]. Neben einer theologischen Begründung für die Weiterbildung führt Johannes Paul II. damit auch eine anthropologische Fundierung an. Ferner verweist er auf die Dringlichkeit der beständigen Fortbildung der Priester „nicht nur aufgrund der rasanten gesellschaftlichen und kulturellen Veränderung der Menschen und der Völker [...] sondern

---

[56] Vgl. c. 279 §1 CIC.
[57] C. 279 §3 CIC.
[58] Zweites Vatikanisches Konzil, Dekret über die Ausbildung der Priester 'Optatam totius', Nr. 22.
[59] Vgl. *Johannes Paul II.*, Nachsynodales Apostolisches Schreiben 'Pastores dabo vobis' von Johannes Paul II. an die Bischöfe, Priester und Gläubigen über die Priesterausbildung im Kontext der Gegenwart (Verlautbarungen des Apostolischen Stuhls; 105), hg. vom Sekretariat der Deutschen Bischofskonferenz, Bonn 1992, Nr. 70; Es wird in den Ausführungen auf 2 Tim 1,6 („Darum rufe ich dir ins Gedächtnis: Entfache die Gnade Gottes wieder, die dir durch die Auflegung meiner Hände zuteil geworden ist.") Bezug genommen.
[60] Ebd.

auch wegen der ‚Neuevangelisierung'"[61]. Ziel kann somit immer nur der Dienst an den Menschen und am Evangelium sein. Dabei ist laut Johannes Paul II. jedoch zu beachten, dass nicht bereits Gelerntes lediglich wiederholt wird, sondern ebenfalls auch neue Inhalte und neue Methoden gelernt werden.[62] Die Weiterbildung soll nicht nur das ganze Leben des Priesters begleiten und trifft somit auf alle Altersstufen zu,[63] sie soll immer auch die ganze Person des Priesters betreffen und ihn in seiner „menschlichen", „geistlichen", „intellektuellen" und „pastoralen" Entwicklung fördern.[64]

Die *Rahmenordnung für die Priesterbildung* der Deutschen Bischofskonferenz konkretisiert die Überlegungen zu der Weiterbildung der Priester noch einmal für das Gebiet der Bundesrepublik. Ähnlich wie in den römischen Dokumenten werden gesellschaftliche Entwicklungen als einer der Hauptgründe für die Notwendigkeit der Fortbildung der Priester genannt. Die Deutsche Bischofskonferenz formuliert:

> „Die Entwicklung in Gesellschaft und Kirche bewirkt Änderungen im Selbstverständnis und
> im Verhalten der Menschen. Der beschleunigte Wissenszuwachs in unserer Zeit in allen
> Wissenschaften, auch in der Theologie, hat zur Folge, dass früher erworbenes Wissen
> regelmäßig und systematisch weiterentwickelt werden muss."[65]

Stärker als in *Pastores dabo vobis* kommt somit in der *Rahmenordnung für die Priesterbildung* zum Ausdruck, dass die Weiterbildung sowohl „regelmäßig" als auch „systematisch" durchgeführt werden soll. Wir hatten bereits gesehen, dass die Systematik ein wesentliches Element der Personalentwicklung ist. Somit spricht die *Rahmenordnung für die Priesterbildung* zwar nicht *expressis verbis* von der Personalentwicklung, jedoch verfügt das Verständnis der Deutschen Bischofskonferenz von Fortbildung damit über eine deutliche Parallele zur PE.

Schließlich stellt sich auch noch die Frage nach der Fortbildung hauptamtlicher Laien im kirchlichen Dienst. Die römischen Dokumente haben diese kirchliche Berufsgruppe nicht im Blick. Dass für sie aber die gleiche Notwendigkeit nach beruflicher Weiterbildung besteht, formuliert die Gemeinsame Synode der Bistümer in der Bundesrepublik Deutschland, wenn sie die gemeinsame Fortbildung aller pastoralen Dienste sowie die „Koordinierung aller Aus- und Fortbildungspläne" fordert.[66] Ferner ist das Recht auf Fort- und Weiterbildung für das Gebiet der Deutschen Bischofskonferenz auch in der *Grundordnung des kirchlichen Dienstes im Rahmen kirchlicher Arbeitsverhältnisse* festgeschrieben.[67]

---

[61] Ebd.
[62] Vgl. ebd., Nr. 71.
[63] Vgl. ebd., Nr. 76f.
[64] Vgl. ebd., Nr. 71.
[65] Deutsche Bischofskonferenz, Rahmenordnung für die Priesterbildung. Nach Überarbeitungen der Fassung vom 1. Dezember 1988 verabschiedet von der Vollversammlung der Deutschen Bischofskonferenz am 12. März 2003. Approbiert durch das Dekret der Kongregation für das Katholische Bildungswesen vom 5. Juni 2003 (Die deutschen Bischöfe; 73), hg. vom Sekretariat der Deutschen Bischofskonferenz, Bonn 2003, Nr. 165.
[66] Vgl. Beschluss: Dienste und Ämter, in: Gemeinsame Synode der Bistümer in der Bundesrepublik Deutschland. Beschlüsse der Vollversammlung. Offizielle Gesamtausgabe. Bd. 1. Freiburg i. Br. 1976, 597-636, hier: 633.
[67] Deutsche Bischofskonferenz, Grundordnung des kirchlichen Dienstes im Rahmen kirchlicher Arbeitsverhältnisse (Die deutschen Bischöfe; 95A), hg. vom Sekretariat der Deutschen Bischofskonferenz, Bonn ⁴2015, Art. 9 (S. 27).

Anthropologisch lässt sich die Weiterbildung der hauptamtlichen Laienmitarbeiter analog zu der der Priester begründen. Theologisch kann die Fundierung zwar nicht wie in *Pastores dabo vobis* geschehen in den in der Priesterweihe empfangenen Gnadengaben festgemacht werden, doch ließe sich ähnliches wohl über die Taufe sagen,[68] sodass sich die Fortbildung der Laien auch zweifach, sowohl theologisch als auch anthropologisch begründen lässt.

### 2.3.2 Ein Plädoyer für strategische Weiterbildung – warum die PE in der Kirche (weiter) Einzug halten muss

Die Weiterbildung hauptamtlicher Seelsorger ist also aus theologischen und anthropologischen Gründen geboten. Die Deutsche Bischofskonferenz legt nahe, dass diese Fort- und Weiterbildung strategisch zu geschehen hat. Die Gestaltung der beruflichen Entwicklung nach strategischen Gesichtspunkten ist ein wesentliches Element der Personalentwicklung. Gleichzeitig erfüllt die Kirche als Organisation – wie wir gesehen haben – durch die vorhandenen „unternehmerischen" Strukturen auch die Voraussetzungen, um eine strategische Personalentwicklung implementieren zu können. Die Frage lautet also: Sollte die katholische Kirche die Fort- und Weiterbildung ihrer hauptamtlichen Mitarbeiter im Sinne einer strategischen Personalentwicklung gestalten? Ja, das sollte sie aus dreierlei Gründen:

Zum einen zeigen sich die gesellschaftlichen Veränderungen in Form von Individualisierung und Pluralisierung ebenfalls im Bereich der Religion.[69] Dies führt auch zu massiven Umbrüchen innerhalb der Kirche. Für Deutschland fasst Christian Hennecke die grundlegenden Veränderungsprozesse zusammen, in denen sich die Kirche momentan befindet:

> „Strukturveränderungen, die geringe Anzahl an verfügbaren Priestern, das Ende einer selbstverständlichen Glaubenskultur mit all ihrem Reichtum, die unbequemen Wahrheiten soziologischer Untersuchungen, all dies macht deutlich, dass das bisherige Gefüge des Christwerdens und Christbleibens in einem tiefen Wandlungsprozess steht, in dem vieles, was gelungen ist und liebgewonnen wurde, zu Ende geht."[70]

Seelsorger werden sich aufgrund dieser Entwicklungen künftig mit ganz neuen Herausforderungen konfrontiert sehen. Die klassische Volkskirche gibt es in Deutschland nicht mehr.[71] Michael N. Ebertz prognostiziert gar das Ende der klassischen Territorialseelsorge aufgrund der veränderten Lebensgewohnheiten der Menschen.[72] In einer modernen, funktional ausdifferenzierten Gesellschaft

---

[68] Vgl. z. B. Zweites Vatikanisches Konzil, Kirchenkonstitution, 'Lumen Gentium', Nr. 33; Paulus fordert die Gemeindemitglieder von Rom dazu auf, sich bewusst zu machen, dass sie mit der Taufe, d.h. dem Stehen unter der Gnade Gottes, und dem erfolgten Herrschaftswechsel ihre „Glieder als Waffen der Gerechtigkeit in den Dienst Gottes" (Röm 6,13) stellen sollen. Die in der Taufe empfangene Gnade soll so in den Begabungen der Getauften zum Ausdruck kommen.

[69] Vgl. dazu auch *Schrappe*, Personalentwicklung im Bereich Seelsorgepersonal (Anm. 2), 29-32.

[70] *C. Hennecke*, Ist es möglich? Vom Wunder des kirchlichen Aufbruchs, Münster 2013, 13.

[71] Vgl. dazu das Interview mit Paul M. Zulehner: *M. Rothe*, Zulehner: „Die Zeit der Volkskirche ist vorbei!", in: https://www.evangelisch.de/inhalte/86871/22-07-2013/zulehner-die-zeit-der-volkskirche-ist-vorbei (18.02.2016).

[72] *M. N. Ebertz*, Aufbruch in der Kirche. Anstöße für ein zukunftsfähiges Christentum, Freiburg i. Br. ²2003, 116.

geht die Einheit von „Wohnraum" und „Lebensraum" immer mehr verloren.[73] Die sozialen Kontakte, der Lebensschwerpunkt vieler Menschen liegt nicht mehr zwangsläufig auf dem Ort, an dem sie wohnen. Deswegen lassen sich laut Ebertz viele Kirchenmitglieder auch nicht mehr durch die Angebote der klassischen Pfarreiarbeit ansprechen:

> „Heute allerdings riskiert die Kirche mit dem vorwiegenden Festhalten am pfarrlichen Territorialprinzip, dass sie nur noch wohnraumorientiert, wenn nicht ‚schlafraumorientiert' ist oder dass sie sich an den Minderheiten derjenigen ausrichtet, deren Lebensraum weitgehend im Wohnraum aufgeht oder dort einen Schwerpunkt hat."[74]

Lebenswelten und -wirklichkeiten der Menschen haben sich verändert. Behält Ebertz recht mit seiner Einschätzung, dass die klassischen Ortsgemeinden als Ort des gelebten Glaubens bedeutungslos werden, dann ist es an den Seelsorgern, die Pastoral völlig neu zu buchstabieren. Diese Aufgabe erzeugt bei den Seelsorgern einen erheblichen „Transformationsstress"[75]. Nicht zuletzt, weil viele Hauptamtliche ihren Dienst noch unter anderen Vorzeichen begonnen haben und ihre Ausbildung auf volkskirchliche Strukturen hin angelegt war, ist es umso dringender nötig, sie durch entsprechende Fort- und Weiterbildungsmaßnahmen zu unterstützen. Dass dies gerade auch im Sinne einer strategischen Personalentwicklung geschehen muss, liegt nunmehr auf der Hand. „Die Fähigkeit, gesellschaftliche Herausforderungen zu erkennen, zu deuten, und Pastoral innovativ und unternehmerisch zu gestalten, ist eine Schlüsselkompetenz. Diese zu entwickeln und zu fördern ist Anliegen von kirchlicher Personalentwicklung."[76] Der hohe Grad an Veränderung kirchlichen Lebens macht es jedoch unmöglich, dass die Seelsorger vor Ort neben ihrem „Alltagsgeschäft" zusätzlich Seelsorgekonzepte entwickeln, die auf diese Veränderungen antworten. Vielmehr wird es nötig sein, dass Bistümer – wie es in Deutschland bereits vielfach geschieht – strategische Pastoralkonzepte entwickeln, die sich durch klare Zielvorgaben auszeichnen. An dieser „Unternehmensstrategie" kann sich dann die strategische Personalentwicklung orientieren und die Mitarbeiter dann so auf die neuen Aufgabenstellungen optimal vorbereiten. Als Musterbeispiel für das Gebiet der Deutschen Bischofskonferenz kann das Bistum Trier genannt werden, das im Jahr 2006 nicht nur die Entwicklung eines Pastoralkonzeptes, sondern auch einen Organisationsentwicklungsprozess angestoßen hat. Die strategische Personalentwicklung, die ebenfalls 2006 etabliert wurde, ist eng mit diesen

---

[73] Vgl. ebd., 82-86.
[74] Ebd., 85.
[75] C. Schrappe, Personalentwicklung, in: V. Dessoy, Kirchenentwicklung (Gesellschaft und Kirche – Wandel gestalten; 4), Trier 2015, 179-191, hier: 182.
[76] Schrappe, Personalentwicklung (Anm. 75), 179.

Strukturprozessen verzahnt.[77] Damit waren die Voraussetzungen dafür sehr günstig, dass die Seelsorger auf neue Stellen bzw. Aufgabengebiete vorbereitet werden konnten.[78]

Eine strategische Personalentwicklung in der Kirche ist aber nicht nur aufgrund der gesellschaftlichen Veränderungen und der damit verbundenen neuen Aufgabenstellungen und Anforderungen an die Hauptamtlichen geboten, sondern sie ergibt sich auch aus dem christlichen Menschenbild. Wie wir bereits gesehen hatten, setzte sich in den 1990er Jahren die Erkenntnis durch, dass die Mitarbeiter die wichtigste Ressource eines Unternehmens sind. Dieses Verständnis gilt umso mehr für die Kirche. „Die Form, wie in der Kirche geleitet wird, wie Personal geführt, gefordert und gefördert wird, ist auch Prüfstein für den ekklesiologischen Selbstanspruch der römisch-katholischen Kirche."[79] Aus dem christlichen Menschenbild, das den Menschen als nach Gottes Ebenbild geschaffen begreift,[80] ergibt sich, dass die Kirche mit ihren Mitarbeitern auch entsprechend umgehen muss. Letztlich ist der „Dienst" am Mitarbeiter, der auch meint, ihn in der Entwicklung seiner Fähigkeiten zu unterstützen, so dass er ganz der werden kann, zu dem ihn Gott geschaffen hat, auch „Dienst" an Gott selbst.

Zentrales „Unternehmensziel" der Kirche ist die Verkündigung des Evangeliums. Und dieses Ziel ist nicht mit Geld, besonderer Technik oder ausgeklügelten Businessplänen, sondern nur mit konkreten Personen zu erreichen, die mit ihrem Leben glaubwürdig für die Frohe Botschaft Zeugnis geben. „Die Förderung des pastoralen Personals ist [somit; F.S.] eine Investition in die Zukunft der Kirche und sichert die Erfüllung ihres Auftrags. Pastorales Personal steht für das Bild von Kirche, für Qualität und Glaubwürdigkeit."[81] Insofern ist es notwendig, Seelsorger auch um der Verbreitung des Evangeliums willen bestmöglich zu qualifizieren und ihre Fähigkeiten zu entwickeln. „Die fachliche, personale und soziale Kompetenz, die Arbeitsmotivation und Ausstrahlung des pastoralen Personals sind eine zentrale Ressource der Kirche."[82] Gleichzeitig kann die Kirche bei Personalengpässen nicht wie andere Unternehmen Mitarbeiter über den Arbeitsmarkt rekrutieren. Die Arbeit in der Pastoral setzt in jedem Fall ein theologisches Studium voraus. Während Gemeindereferenten einen Abschluss von einer Fachhochschule mitbringen, studieren Pastoralreferenten und Priester an Hochschulen. Schaut man sich die Entwicklung der Studienabschlüsse im Fach „katholische Theologie" der letzten 20 Jahre an, so ist ein deutlicher Trend erkennbar. Erreichten im akademischen Jahr 1994 noch 178 Studenten an Fachhochschulen

---

[77] Vgl. *Russel; Groß*, Personalentwicklung im Bistum Trier: Ein Blick in die Werkstatt (Anm. 42), 47-62; Es ist ferner besonders hervorzuheben, dass das Bistum Trier diese Entwicklungsprozesse wissenschaftlich reflektiert und die Erkenntnisse durch Publikation zur Verfügung gestellt hat. Somit können auch andere Diözesen davon profitieren.
[78] Der Strukturplan wurde zwar 2012 umgesetzt, leider gibt es aber noch keine publizierten Erkenntnisse, inwieweit die Verzahnung von OE und PE im Bistum Trier funktioniert hat. Für das Spätjahr 2015 bescheinigt das Bistum, dass der Strukturplan zwar umgesetzt, aber dennoch noch nicht alltäglich ist (vgl. http://www.bistum-trier.de/bistum-bischof/unser-bistum/struktur2020/strukturplan-2020/ (19.02.2016)).
[79] *Schrappe*, Personalentwicklung im Bereich Seelsorgepersonal (Anm. 2), 74.
[80] Vgl. Gen 1,27.
[81] *Schrappe*, Personalentwicklung (Anm. 75), 179.
[82] Ebd.

und 799 Studenten an Universitäten in Deutschland einen theologischen Abschluss, so gingen die Abschlüsse im akademischen Jahr 2014 auf 93 bzw. 577 zurück.[83] Auch die Zahl der Studienanfänger ist rückläufig. Begannen im WS 2005/06 noch 173 Personen ihr theologisches Studium an Fachhochschulen, so waren es im WS 2014/15 nur noch 103.[84] An den Universitäten scheint auf den ersten Blick die Zahl der Studienanfänger im Fach „katholische Theologie" konstant zu bleiben. Im WS 2005/06 schrieben sich mit 452 nur unwesentlich mehr Studenten ein als im WS 2014/15 mit 410.[85] Dies liegt aber daran, dass im WS 2006/07 erstmals auch Studenten im Bachelor / Nebenfach „katholische Theologie" mit in der Statistik aufgeführt wurden. Die Zahl der Studienbeginner im Diplomstudiengang „katholische Theologie" bzw. im neuen Studiengang Magister Theologie ging von 251 im WS 2005/06 auf 115 im WS 2014/15 zurück.[86] Damit ist ein eindeutiger Trend vorgegeben. Die Zahl der potenziellen Hauptamtlichen Mitarbeiter in der Kirche sinkt drastisch. Eine strategische Personalentwicklung kann dabei helfen, Personalengpässe zumindest etwas abzufedern, indem die vorhandenen Mitarbeiter optimal gefördert und deren Stärken optimal eingesetzt werden.

Dennoch sollte keine Personalentwicklung um der Personalentwicklung willen betrieben werden. Es muss ebenfalls darauf geachtet werden, dass die Mitarbeiter das Neugelernte auch umsetzen können. „Wenn Mitarbeiter das Gefühl haben, dass ihre Qualifikationen und ihre (aufwendig erworbenen) Kompetenzen dauerhaft nicht abgefragt oder gar als störend und lästig empfunden werden, erhöhen sich Frustration und berufliche Demotivation."[87] Gleichzeitig ist gründlich danach zu fragen, welche Fähigkeiten Seelsorger für die Ausübung ihrer „Profession" tatsächlich brauchen.[88] Fürst und Severin gehen davon aus, dass es sich bei den benötigten Fertigkeiten „nicht allein um theologische bzw. spirituelle Qualifikationen, sondern ebenso um ganz pragmatische Fertigkeiten zur Personalführung, zur Moderation und Sitzungsleitung, zum Umgang mit zeitlichen und finanziellen Ressourcen"[89] handelt.

Die strategische Personalentwicklung hat folglich also ihre Berechtigung in der Kirche, ja sie ist gewissermaßen sogar theologisch geboten. Die gewonnenen Erkenntnisse aus der Betriebswirtschaftslehre nicht umzusetzen, käme einer „Sünde" gleich. Nethöfel formuliert dies pointiert:

---

[83] Vgl. Sekretariat der Deutschen Bischofskonferenz, Statistiken-Berichtsheft-2016, in: http://kthf.de/wp-content/uploads/2016/02/Statistiken-Berichtsheft-2016.pdf (10.03.2016), 4.
[84] Vgl. ebd., 3.
[85] Vgl. ebd.
[86] Vgl. ebd.
[87] *Schrappe*, Personalentwicklung (Anm. 75), 188.
[88] Vgl. *A. Wollbold*, Professionalisierung und Amateurisierung. Ihr schillerndes Verhältnis in der Seelsorge, in: Anzeiger für die Seelsorge 117 (2008/1) 15-18.
[89] *Fürst*; *Severin*, Organisationsentwicklung – Überlebensstrategie für die Kirche? (Anm. 47), 70.

„Es gibt keine theologische Rechtfertigung dafür, in der Kirche dasselbe schlechter zu machen als ‚die Welt'. Es muß uns beschämen, wenn ‚draußen' letztlich Belangloses besser verwaltet, Sinnloses besser kommuniziert, Schlechtes effizienter produziert und besser verkauft wird, wenn Vorgesetzte und Mitarbeiterinnen und Mitarbeiter dort menschlicher miteinander umgehen und wenn Gemeindemitglieder ‚auf dem Markt' besser gehört werden als in ihrer Kirche, wenn sie ihre Bedürfnisse äußern."[90]

## 2.4 Zwischenfazit und Ausblick

Ein Unternehmen, das auf lange Sicht konkurrenzfähig bleiben will, muss in die Weiterbildung seiner Mitarbeiter investieren. Dass dies auch für die Kirche gilt, die ihrer irdischen Verfasstheit nach auch „unternehmerische" Züge hat, haben wir gesehen. Die Weiterbildung kirchlicher Mitarbeiter ist sowohl aus anthropologischen wie auch aus theologischen Gründen geboten. Das „Unternehmen" hat keine wertvollere Ressource als ihre Mitarbeiter, da diese für die Frohe Botschaft Zeugnis geben. Auch in der Kirche sollte, dort wo es nicht bereits geschehen ist, eine strategische Personalentwicklung implementiert werden. Die strategische PE soll an den Fähigkeiten und Neigungen der kirchlichen Mitarbeiter ansetzen und auch die Entwicklung der Kirche als Organisation im Blick haben. Es bedarf also einer umfassenden Strategie. Die Kirche ist jedoch kein Unternehmen wie jedes andere. Ihr darf es niemals um die Absicherung ihrer eigenen Existenz in Form von Strukturen gehen. Das einzige Unternehmensziel kann letztlich nur die Verkündigung des Evangeliums sein. Dies hat schließlich dann auch Auswirkungen auf die strategische Personalentwicklung im „Unternehmen" Kirche, das von den Fertigkeiten, Fähigkeiten und Kompetenzen ihrer Mitarbeiter lebt. Nachfolgend soll zunächst herausgearbeitet werden, was unter Kompetenzen zu verstehen ist, bevor dann die Umsetzung einer Methode zur Erhebung der Kompetenzen und Fähigkeiten der Mitarbeiter in der Kirche analysiert wird: das Mitarbeitergespräch.

---

[90] *Nethöfel*, Unternehmen Kirche? (Anm. 50), 61.

# 3 Babylonische Sprachverwirrung?! - Kompetenz, Potenzial, Charisma

## 3.1 Kompetenz, Potenzial, Charisma? – Wovon sprechen wir?

Die Mitarbeiter gelten – wie bereits gesehen – als wertvollste Ressource eines Unternehmens. Und genauso wie ein Unternehmen beispielsweise in die Wartung seiner Maschinen investieren muss, um sie am Laufen zu halten, sollte das Unternehmen auch in diese Ressource, seine Mitarbeiter, investieren. Doch wie funktioniert die „Wartung" von Mitarbeitern? Sie besteht darin, dass die Mitarbeiter gefordert und gefördert werden, bereits vorhandenes Wissen und Fertigkeiten zu pflegen und sich beständig neues Wissen anzueignen.

In der oben gegebenen Definition der Personalentwicklung war davon die Rede, dass die PE die „Fähigkeiten und Neigungen" der Mitarbeiter berücksichtigen soll. Und tatsächlich muss die Personalentwicklung sinnvollerweise danach fragen, was Mitarbeiter bereits an „Potenzial" mitbringen, um vorhandene Kenntnisse und Fertigkeiten auszubauen oder dort, wo diese noch fehlen, neu vermitteln zu können. In der PE spricht man statt von Kenntnissen oder Fertigkeiten häufig von „Kompetenzen". In Veröffentlichungen im kirchlichen Umfeld ist häufiger vom Begriff des „Charismas" die Rede. Dabei werden „Charisma" und „Kompetenz" vielfach nicht voneinander abgegrenzt und synonym verwendet.[91] Bezeichnen die Begriffe „Kompetenz" und „Charisma" aber tatsächlich dasselbe, oder zielen sie auf Unterschiedliches? Und wie passt der Begriff des „Potenzials", der ebenfalls häufig Verwendung findet, dazu?

Im Folgenden sollen die Begriffe „Kompetenz", „Potenzial" und „Charisma" genauer untersucht werden, um so gegebenenfalls Gemeinsamkeiten aber auch Unterschiede herauszuarbeiten. Bezeichnen alle drei Begriffe dasselbe, dann stellt sich die Frage, warum es nicht ausreicht, einen dieser Begriffe konsequent zu verwenden. Bezeichnen sie aber nicht dasselbe, dann besteht bei synonymer Verwendung geradezu die Gefahr eine Sprachverwirrung babylonischen Ausmaßes. Wenn nämlich niemand genau weiß, was mit dem Begriff, den er gerade verwendet, genau gemeint ist, dann wird eine Verständigung über Inhalte schwierig, wenn nicht unmöglich. Am Ende dieses Kapitels soll aufgrund der Begriffsbestimmung und der sich daraus ergebenden Erkenntnisse eine Sprachregelung für den kirchlichen Gebrauch vorgeschlagen werden.

---

[91] Vgl. dazu z. B.: *Schrappe*, Personalentwicklung im Bereich Seelsorgepersonal (Anm. 2), 160; im Bereich der Weiterbildung Ehrenamtlicher werden „Charisma" und „Kompetenz" ebenfalls gleichbedeutend verwendet: Vgl. Ehrenamtlicher Dienst im Bistum Hildesheim, in: http://www.informations.bistum-hildesheim.de/temp_116645446680168.pdf (24.02.2016) oder auch entdecken, in: http://ehrenamt.bistum-essen.de/ehrenamtskonzeption/entdecken/ (24.02.2016).

## 3.2 Kompetenz

„Kompetenz" kommt vom lateinischen „competentia" und meint „das Zusammentreffen".[92] Im beruflichen Kontext kann dies auf das Zusammentreffen von Kompetenzen eines Mitarbeiters und der zu erledigenden Aufgabe übertragen werden. Der Mitarbeiter ist dann kompetent, wenn er die ihm übertragene Aufgabe adäquat lösen kann. Genauso wie bei der Personal- oder der Organisationsentwicklung gibt es auch für den Kompetenzbegriff keine einheitliche Definition in der wissenschaftlichen Literatur. Einzelne Stimmen lehnen ihn sogar gänzlich zugunsten des Begriffs der „Qualifikation" ab.[93] Gleichwohl ist zunächst einmal festzustellen, dass sich der Begriff „Kompetenz" von der wissenschaftlichen Literatur bis hin in die Alltagssprache durchgesetzt hat und breite Verwendung findet. Meist wird unter Kompetenz ein doppeltes verstanden, einmal im Sinne von „Können" und einmal im Sinne von „Dürfen".[94] Kompetenz im Sinne von „Dürfen" ist dabei meist mit einem entsprechenden Amt oder einer entsprechenden Position innerhalb der Unternehmenshierarchie verbunden. In dieser Untersuchung steht jedoch Kompetenz im Sinne von „Können" im Vordergrund. Dabei soll auf eine Definition von Kompetenz zurückgegriffen werden, die möglichst große Akzeptanz findet. Die Organisation für wirtschaftliche Zusammenarbeit und Entwicklung (OECD) definiert Kompetenz in einem sehr umfassenden Sinn:

> „Eine Kompetenz ist mehr als nur Wissen und kognitive Fähigkeiten. Es geht um die Fähigkeit der Bewältigung komplexer Anforderungen, indem in einem bestimmten Kontext psychosoziale Ressourcen (einschließlich kognitive Fähigkeiten, Einstellungen und Verhaltensweisen) herangezogen und eingesetzt werden."[95]

Kompetenz bezieht sich mit dieser Definition auf alle Ebenen menschlichen Lebens, insofern es darum geht „komplexe Anforderungen" mithilfe eines Sets von vorhanden „Fähigkeiten" bzw. „Einstellungen und Verhaltensweisen" zu meistern. Nach Dieter Gnahs besteht dieses Set aus sechs verschiedenen Bausteinen:[96]

Erstens gehört das Element „Wissen" im Sinne von erlerntem Fach- bzw. Faktenwissen dazu. Zweitens lassen sich darunter auch „Fertigkeiten", wie beispielsweise handwerkliche Techniken oder motorische Fertigkeiten, subsumieren. Bei der dritten Komponente von Kompetenz handelt es sich um psychologische „Dispositionen", also um das, was gemeinhin unter „Persönlichkeit" verstanden wird. Viertens gehören auch „Werte" dazu, z. B. aus dem sozialen, familiären oder religiösen Umfeld. Fünftens handelt es sich um die Komponente der „Motivationen", um

---

[92] Vgl. Der neue Georges. Ausführliches lateinisch-deutsches Handwörterbuch. Aus den Quellen zusammengetragen und mit besonderer Bezugnahme auf Synonymik und Antiquitäten unter Berücksichtigung der besten Hilfsmittel ausgearbeitet von Karl-Ernst Georges. Erster Band A-H, hg. von Thomas Baier, bearbeitet von Tobias Dänzer, Darmstadt 2013, 1042.

[93] Vgl. *Becker*, Personalentwicklung (Anm. 3), 13.

[94] Vgl. ebd., 9.

[95] OECD, Definition und Auswahl von Schlüsselkompetenzen. Zusammenfassung, in: https://www.oecd.org/pisa/35693281.pdf (28.02.2016).

[96] Vgl. dazu und im Folgenden: *D. Gnahs*, Kompetenzen – Erwerb, Erfassung, Instrumente (Studientexte für Erwachsenenbildung), Bielefeld 2010, 24-26.

Interessen und Neigungen einer Person. Und schließlich gehört das Element der „Fähigkeiten" zum Kompetenzbegriff dazu.

Wenn jedoch „Fähigkeit" ein Element von „Kompetenz" ist, dann ist es notwendig, diese „eng" zu definieren, um eine Verwechslungsgefahr beider Begriffe auszuschließen. Fähigkeiten sind dann als „grundlegende, nicht oder nur schwer erlernbare Eigenschaften (z. B. Intelligenz), um eine ganze Reihe an Aufgaben zu bewältigen"[97], zu verstehen. Fähigkeiten in diesem Sinne lassen sich im Gegensatz zu Kompetenzen gar nicht oder nur schwerlich entwickeln. Der Begriff der „Fähigkeiten" ist somit also wesentlich enger gefasst als der Kompetenzbegriff.

Während Fähigkeiten also kaum zu erlenen sind, gibt es vielfältige Lernwege, um sich Kompetenzen anzueignen.[98] Zum einen werden Kompetenzen aufgrund der Sozialisation erworben. Dieser Kompetenzerwerb dauert ein Leben lang an und findet zunächst in der Familie, später dann beispielsweise im Freundes- oder Kollegenkreis statt. Zum anderen können Kompetenzen während der Phase der (Hoch-)Schulbildung erlernt werden. Diese Phase zeichnet sich durch stark reglementierte Vorgaben aus und endet in der Regel mit einem anerkannten Abschluss. Daneben können Kompetenzen aber auch durch „nicht-formales", „informelles" oder „Lernen en passant" erworben werden. Dabei handelt es sich um Lernvorgänge, die entweder bewusst oder unbewusst im alltäglichen Erleben vonstattengehen.[99]

Sowohl die Breite der Definition als auch die unterschiedlichen Orte des Kompetenzerwerbs deuten daraufhin, dass vielfältigste Arten von Kompetenzen benannt werden können. In der wissenschaftlichen Literatur und der Praxis hat es sich bewährt ähnliche Kompetenzen zu Clustern zusammenzufassen. Für gewöhnlich werden folgende vier Cluster angegeben: „Fachkompetenzen", „Methodenkompetenzen", „Sozialkompetenzen" und „Personale Kompetenzen".[100]

Des Weiteren ist häufig auch von „Schlüsselkompetenzen" die Rede. Generell werden so ganz basale Kompetenzen bezeichnet, die für die erfolgreiche Teilhabe am gesellschaftlichen Leben vonnöten sind. Dazu gehören beispielsweise die „Lesekompetenz" oder die „Mathematikkompetenz", deren Ausprägung bei Schülern auch im Rahmen der PISA-Studie erhoben wird.[101] Schlüsselkompetenzen ermöglichen vielfach erst den Erwerb anderer

---

[97] S. Krumm; I. Mertin; C. Dries, Kompetenzmodelle (Praxis der Personalpsychologie; 27), Göttingen 2012, 13.
[98] Vgl. dazu und im Folgenden erneut: Gnahs, Kompetenzen – Erwerb, Erfassung, Instrumente (Anm. 96), 30-47.
[99] Ein Beispiel für „nicht-formales" Lernen wäre der Erwerb eines „Angelscheins". Dieser Lernvorgang endet zwar in Deutschland mit einer Prüfung und einem anerkannten Abschluss, jedoch handelt es sich nicht um einen staatlichen Bildungsabschluss im Sinne einer Zugangsvoraussetzung für das Hochschul- bzw. Berufswesen. Ganz ähnlich handelt es sich bei „informellem" Lernen um einen intentionalen Lernvorgang, wohingegen Lernen „en passant" die mehr oder minder unbewusste Aneignung von Kenntnissen oder Fertigkeiten im alltäglichen Kontext meint, z. B. die Benutzung eines neuen Smartphones.
[100] Vgl. Krumm; Mertin; Dries, Kompetenzmodelle (Anm. 97), 68f.
[101] Vgl. OECD, Definition und Auswahl von Schlüsselkompetenzen. Zusammenfassung (Anm. 95), 16.

Kompetenzen.[102] Wer beispielsweise nicht lesen kann, dem wird es nicht möglich sein, sich neues Wissen aus Literatur anzueignen.

Festzuhalten bleibt, dass es sich bei Kompetenzen um Vermögen ganz unterschiedlicher Art handelt, die es einer Person möglich machen unter Rückgriff auf ihr Wissen, ihre Fertigkeiten, ihre psychologischen Dispositionen, Werte, Motivationen und oder Fähigkeiten (auch komplexe) Aufgabenstellungen zu lösen. Kompetenzen können bewusst oder unbewusst erlernt werden und lassen sich in der Regel einer von vier Kategorien zur Systematisierung zuteilen.

## 3.3 Potenzial

Auch der Begriff des „Potenzials" hat seine Wurzeln im Lateinischen. „Potentia" meint dort „Vermögen", „Kraft", aber auch „Macht" bzw. „Gewalt".[103] Die Verbindung beider Bedeutungsebenen wird z. B. auch darin deutlich, dass in der Personalentwicklung bei der Identifizierung zukünftiger Führungskräfte innerhalb des Pools an Nachwuchskräften von „High Potentials" gesprochen wird. Diese müssen einerseits entsprechende Fähigkeiten mitbringen, um künftige Führungsaufgaben übernehmen zu können. Andererseits kommt ihnen mit der Führungsaufgabe dann eine gewisse Machtstellung innerhalb des Unternehmens zu. In der Regel wird der Potenzialbegriff allerdings in der ersten Bedeutung von „Vermögen" verwendet. Der Duden definiert Potenzial ausschließlich im Sinne von Vermögen als die „Gesamtheit aller vorhandenen, verfügbaren Mittel, Möglichkeiten, Fähigkeiten, Energien"[104].

Nach Birgit Gosejacob umfasst Potenzial die Bereiche „Talente", „Kenntnisse und Fähigkeiten", „Kompetenzen" und „Persönlichkeit".[105] Es handelt sich also um einen umfassenden Begriff in einem doppelten Sinn. Nicht nur umfasst Potenzial die Gesamtheit des Vermögens einer Person, sondern in gewisser Weise die ganze Person, wenn auch alle Ebenen der Persönlichkeit einbegriffen sind.

Dabei ist wichtig festzuhalten, dass Potenzial immer futurisch zu verstehen ist. „Potenzialaussagen sind ‚gemessene Vermutungen' darüber, ob und wie erfolgreich ein Proband eine in der Zukunft zu leistende Aufgabe wahrscheinlich erledigen wird."[106] Ganz ähnlich formuliert dies Andreas Klug: „Im Zusammenhang der PE ist ein **Potenzial** eine latente Kompetenz im Sinne einer fachlichen oder überfachlichen Fähigkeit oder Fertigkeit."[107] Potenzial beschreibt also bereits angelegte Kompetenzen, die jedoch noch nicht oder nicht in Gänze verwirklicht

---

[102] Vgl. *Becker*, Personalentwicklung (Anm. 3), 9.

[103] Vgl. Der neue Georges. Ausführliches lateinisch-deutsches Handwörterbuch. Aus den Quellen zusammengetragen und mit besonderer Bezugnahme auf Synonymik und Antiquitäten unter Berücksichtigung der besten Hilfsmittel ausgearbeitet von Karl-Ernst Georges. Zweiter Band I-Z, hg. von Thomas Baier, bearbeitet von Tobias Dänzer, Darmstadt 2013, 3756.

[104] Potenzial, in: http://www.duden.de/rechtschreibung/Potenzial (26.02.2016).

[105] Vgl. *B. Gosejacob*, Potenziale erkennen. Entdecken Sie, was in Ihnen steckt, Freiburg 2013, 7f.

[106] *Becker*, Personalentwicklung (Anm. 3), 629.

[107] *A. Klug*, Analyse des Personalentwicklungsbedarfs, in: J. Ryschka; M. Solga; A. Mattenklott (Hg.), Praxishandbuch Personalentwicklung. Instrumente, Konzepte, Beispiele, Wiesbaden ³2011, 35-92, hier: 81. Hervorhebung im Original.

wurden. Dies mag zum einen daran liegen, dass diese Kompetenzen im beruflichen Alltag nicht gefordert werden. Zum anderen auch daran, dass diese Kompetenzen noch im Verborgenen liegen und erst durch entsprechende Fördermaßnahmen ins Bewusstsein gerufen werden müssen. In jedem Fall beschreibt das Potenzial die Zielgestalt aller Fähigkeiten und Kompetenzen eines Mitarbeiters, die in ihm angelegt sind und die er im Idealfall verwirklichen kann.

## 3.4 Charisma

Der Begriff des „Charismas" ist ebenfalls äquivok. Der Duden bietet zwei verschiedene Bedeutungen dafür an. Zum einen definiert er ihn als Fachwort in der Theologie als „Gesamtheit der durch den Geist Gottes bewirkten Gaben und Befähigungen des Christen in der Gemeinde", zum anderen alltagssprachlich als „besondere Ausstrahlung[skraft] eines Menschen"[108]. Dass im Kontext der strategischen Personalentwicklung innerhalb der katholischen Kirche die alltagssprachliche Verwendung von Charisma eine eher untergeordnete Rolle spielt, liegt auf der Hand. Ausstrahlungskraft ist etwas, das sich auf die ganze Persönlichkeit bezieht und sich folglich nur schwerlich mit Einzelmaßnahmen entwickeln lässt. Die Definition von Charisma als theologisches Fachwort, das die Elemente „Gaben" und „Befähigungen" enthält, scheint hingegen zur PE zu passen. Doch wäre es voreilig, sich auf eine Definition von „Charisma" festzulegen. Unzählige Exegeten und Systematiker haben sich bereits an diesem Begriff abgearbeitet. Zuletzt hat Norbert Baumert der Frage danach, was denn „Charisma" tatsächlich meint, einen ganzen Band gewidmet.[109] Diese detaillierte Untersuchung des Begriffs war nötig; denn: „‚Charisma' und ‚charismatisch' ist einer der schillerndsten Begriffe im theologischen Sprachgebrauch."[110] Baumert zeigt, dass der Begriff χάρισμα im Lauf der (Theologie-)Geschichte sehr unterschiedlich gebraucht wurde. Am einflussreichsten auf die Begriffsbildung hat sicherlich 1 Kor 12,1-11 gewirkt. Dort beschreibt Paulus auf welch verschiedene Weisen der Heilige Geist wirken kann. Verwendet Paulus χάρισμα in seinen Briefen immer in der mit „Geschenk" zu übersetzenden Grundbedeutung des Wortes,[111] kann Charisma bei den griechischen Kirchenvätern „die Güter der Schöpfung umfassen, aber auch den Index ‚Gnaden-Geschenk' haben und dann u.a. auch den Heiligen Geist selbst, die Taufe, Eucharistie oder den himmlischen Lohn bezeichnen."[112] Für die westliche Liturgie lässt sich ähnliches sagen, auch wenn dort χάρισμα meist nur in der Übersetzung mit „gratia, donum, donatio, munus" vorkommt.[113] Im ausgehenden ersten Jahrtausend wächst Charisma neben der Grundbedeutung „Gabe" im Sinne eines „Geschenkes"

---

[108] Charisma, in: http://www.duden.de/rechtschreibung/Charisma (25.02.2016).
[109] Vgl. *N. Baumert,* Charisma – Taufe – Geisttaufe. Band 1: Entflechtung einer semantischen Verwirrung, Würzburg 2001.
[110] Ebd., 117.
[111] Vgl. ebd., 75.
[112] Ebd., 147.
[113] Vgl. ebd., 193.

auch die Bedeutung der „Begabung" hinzu.[114] Im 17. Jahrhundert schließlich wird der Begriff des „Charismas" zum *terminus technicus* und bezeichnet eine „freigewährt[e] Befähigung zum Dienst am Heil anderer"[115]. Dieses Verständnis von Charisma greift auch das Zweite Vatikanische Konzil auf, wenn es formuliert, dass der Heilige Geist

> „unter den Gläubigen jeglichen Standes auch besondere Gnaden [verteilt]. Durch diese macht er sie geeignet und bereit, für die Erneuerung und den vollen Aufbau der Kirche verschiedene Werke und Dienste zu übernehmen gemäß dem Wort: ,Jedem wird der Erweis des Geistes zum Nutzen gegeben' (1 Kor 12,7). Solche Gnadengaben [Anmerkung: im Lateinischen steht dort „charismata"; F.S.], ob sie nun von besonderer Leuchtkraft oder aber schlichter und allgemeiner verbreitet sind, müssen mit Dank und Trost angenommen werden, da sie den Nöten der Kirche besonders angepaßt und nützlich sind."[116]

In LG 12 wird ebenfalls deutlich, dass die Charismen die Gläubigen zum Dienst in und am Aufbau an der Kirche befähigen. Insofern deckt sich das Verständnis von Charisma, das die Konzilsväter an den Tag legen mit dem *terminus technicus*, der sich ab dem 17. Jahrhundert entwickelte. Baumert schlägt aufgrund seiner Beobachtungen eine einheitliche Sprachregelung für den Begriff des „Charismas" vor. Seine Kurzdefinition lautet:

> „Charisma ist eine aus der Gnade Gottes hervorgehende, jeweils von Gott dem Heiligen Geist besonders, nämlich individuell und ereignishaft, zugeteilte Befähigung des einzelnen zum Leben und Dienen in der Heilsgemeinschaft der Kirche und in der Welt."[117]

Insgesamt lässt sich also festhalten, dass unter einem Charisma etwas gemeint ist, das grundlegend geschenkhaften Charakter hat. Kein Mensch kann sich ein Charisma aneignen, sondern es ist immer Gott in der Person des Heiligen Geistes, der gnadenhalber Charismen an die Gläubigen verteilt. Dabei ist dem Charisma das Element der „Unmittelbarkeit" zu eigen, d.h. es lässt sich nicht sagen, wann der Geist die charismatischen Gaben schenkt.[118] Charismen gibt es zwar im Plural, weil es verschieden Geschenke bzw. Gaben sind, die der Heilige Geist zuteilt, jedoch erhält nicht jeder eine Fülle an Charismen, sondern „[j]eder Christ hat ein ihm eigenes Charisma"[119]. Hingeordnet ist diese Befähigung immer auf den Dienst in der Kirche und so zum Heil anderer.

---

[114] Vgl. *Baumert,* Charisma – Taufe – Geisttaufe (Anm. 109), 222-224.

[115] Ebd., 297.

[116] Zweites Vatikanisches Konzil, Kirchenkonstitution, 'Lumen Gentium', Nr. 12.

[117] *Baumert,* Charisma – Taufe – Geisttaufe (Anm. 109), 249f.

[118] Vgl. ebd., 233.

[119] Beschluss: Räte und Verbände, in: Gemeinsame Synode der Bistümer in der Bundesrepublik Deutschland (Anm. 66), 651-677, hier: 653 (I 1.5).

Damit ist zum einen die Begriffsgeschichte erläutert, zum anderen aufgezeigt, wie der Begriff in der gegenwärtigen Theologie aufgrund der Entwicklung von „Charisma" zum *terminus technicus* gebraucht wird.

## 3.5 Erkenntnis für den kircheninternen Sprachgebrauch

Es ist deutlich geworden, dass alle drei Begriffe, „Kompetenz", „Potenzial" und „Charisma", nicht eineindeutig sind. Entweder es existieren, wie im Fall der „Kompetenz", unterschiedliche Definitionen oder es gibt mehrere Bedeutungsebenen („Potenzial") oder aber der Begriff hat im Lauf der Zeit einen Bedeutungswandel durchgemacht, wie es bei „Charisma" der Fall ist. Insofern kann es sinnvoll sein, vor der Verwendung eines dieser Begriffe zu klären, was genau darunter zu verstehen ist.

Der Begriff des „Potenzials" ist am weitesten gefasst, weil er ganz allgemein das noch nicht (vollständig) ausgeschöpfte „Vermögen" einer Person beschreibt. Das Potenzial verweist immer auf die Zukunft und trifft Aussagen darüber, wozu eine Person zukünftig wahrscheinlich zu tun in der Lage sein wird. In der Personalentwicklung ist der Potenzialbegriff eng mit dem Kompetenzbegriff verzahnt. Potenzial beschreibt dort in der Regel noch nicht oder noch nicht gänzlich entwickelte Kompetenzen. Wenn aber mit Potenzial noch nicht entwickelte Kompetenzen beschrieben werden, liegt es dann nicht nahe, diesen Begriff auch für noch nicht entwickelte Charismen zu verwenden? Das mag auf den ersten Blick vielleicht so scheinen, jedoch ist die Verwendung des Potenzialbegriffs auf Charismen aus theologischen Gründen abzulehnen. Denn obgleich eine Person vielleicht die Dispositionen für ein bestimmtes Charisma mitbringt, die Würzburger Synode hatte davon gesprochen, dass jedem Getauften ein je eignes Charisma zu eigen ist, lässt sich dennoch nicht von einem Potenzial dazu sprechen. So hatten wir nämlich gesehen, dass Charismen immer geschenkhaften Charakter haben. Der Heilige Geist schenkt ein Charisma und wählt dazu den richtigen Zeitpunkt aus. Weil der Christ durch eigenes Zutun nichts zur Entwicklung seines Charismas beitragen kann, sollte in Hinblick auf das Charisma der Potenzialbegriff vermieden werden.

Damit bleibt die Frage wie sich der Kompetenz- und der Charismenbegriff zueinander verhalten. Ist es tatsächlich möglich, beide Begriffe weitestgehend synonym zu verwenden, so wie das in einigen kirchlichen Veröffentlichungen geschieht? Bereits mit Blick auf die vorgelegten Definitionen beider Begriffe wird man sagen müssen, dass sie gänzlich unterschiedliches bezeichnen und deshalb auch keineswegs synonym verwendet werden dürfen. Eine Kompetenz ist das Vermögen, eine komplexe Aufgabenstellung adäquat lösen zu können. Kompetenzen können erlernt und entwickelt werden. Und lassen sich theologisch gesprochen der Schöpfungsordnung zuordnen. Sie sind im Menschen angelegt und dieser kann sie in seinem Leben verwirklichen. Demgegenüber ist ein Charisma die Befähigung zum Dienst in der Kirche und ist somit auf das Heil der Menschen ausgerichtet. Charismen lassen sich nicht entwickeln, sie werden immer vom Heiligen Geist geschenkt und lassen sich theologisch gesprochen der Heilsordnung zuordnen.

Folglich ist es ratsam für die kirchliche Personalentwicklung den Gebrauch der Begriffe „Kompetenz" und „Charisma" klar zu unterscheiden. Eine kirchliche Personalentwicklungsstrategie wird mit Charismen nicht in Berührung kommen, insofern die Kirche nicht über sie verfügen kann, nicht mit den Charismen rechnen oder planen kann. Kirchliche PE kann sich immer nur auf die Kompetenzen der Mitarbeiter beziehen. Darin unterscheidet sie sich nicht von jedem anderen Unternehmen. Der Kirche als solcher jedoch sind die einzelnen Charismen der Getauften in dem Maße geschenkt, wie der Heilige Geist sie zuteilt. Charismen sind somit ein Alleinstellungsmerkmal der Kirche gegenüber Unternehmen im Hinblick auf die Mitarbeiter.

# 4 Das Mitarbeitergespräch: Zentrales Instrument der PE

## 4.1 Mitarbeitergespräche führen – wieso?

Ist nun die Sinnhaftigkeit der strategischen Personalentwicklung für die katholische Kirche geklärt und für den Sprachgebrauch innerhalb der kirchlichen PE der Vorrang des Kompetenz- vor dem Charismenbegriff aufgezeigt, so soll nun das zentrale Instrument zur Entwicklung der Mitarbeiter und zur Erfassung ihrer Kompetenzen in den Blick genommen werden: das Mitarbeitergespräch.

Mitarbeitergespräche haben ihren Ursprung in den USA in der Zeit nach dem Zweiten Weltkrieg und konnten sich in den 1970er Jahren allmählich auch in Deutschland etablieren.[120] Mittlerweile wird in dreiviertel aller deutschen Unternehmen das Mitarbeitergespräch als Instrument der Personalentwicklung eingesetzt.[121] Unter Mitarbeitergesprächen „versteht man geplante und inhaltlich vorbereitete Gespräche zwischen Mitarbeiter und Vorgesetztem"[122]. Sie finden in einem regelmäßigen Turnus statt und unterscheiden sich maßgeblich von der Alltagskommunikation.[123] Während der Fokus im Alltag auf dem operativen Geschäft liegt, können im Mitarbeitergespräch grundsätzlichere Dinge besprochen werden. „Die Führungskräfte gehen gemeinsam mit ihren Mitarbeitern gleichsam ‚von Zeit zu Zeit vom Spielfeld auf die Tribüne, um auf das laufende gemeinsame Spiel zu schauen'."[124] Der konkrete Ablauf des Mitarbeitergesprächs kann sich dabei von Unternehmen zu Unternehmen unterscheiden und ist von verschiedenen Faktoren, wie z. B. der Unternehmenskultur, abhängig.[125]

Zunächst einmal ist das Mitarbeitergespräch jedoch der Ort der wechselseitigen Rückmeldung. Führungskraft und Mitarbeiter geben sich Feedback über ihre Zusammenarbeit und können so etwaige Störungen oder Blockaden abbauen und ihre berufliche Beziehung verbessern.[126]

Des Weiteren dient das Mitarbeitergespräch der „Erörterung von Leistung und Verhalten, Stärken und Schwächen, Wünschen und Zielen der Mitarbeiter, d[er] Festlegung von Zielen und Aufgaben, d[er] Analyse des Potenzials sowie d[er] Erörterung konkreter Personalentwicklungsmaßnahmen."[127] Inhalt des Gesprächs ist also der Mitarbeiter selbst, seine erbrachten Leistungen, seine Kompetenzen und Entwicklungsmöglichkeiten, aber auch die Unternehmensziele. Aus den Zielen der Gesamtorganisation können im Gespräch Mitarbeiterziele

---

[120] Vgl. *B. Winkler; H. Hofbauer*, Das Mitarbeitergespräch als Führungsinstrument. Handbuch für Führungskräfte und Personalverantwortliche, München ⁴2010, 8.

[121] Vgl. ebd., 77.

[122] Ebd., 3; Ist es aus verschiedenen Gründen nicht möglich, dass der Vorgesetzte das Mitarbeitergespräch führt, kann hier auch die Personalabteilung bzw. -entwicklung tätig werden und diese Aufgabe übernehmen.

[123] Vgl. ebd.

[124] *R. Nagel; M. Oswald; R. Wimmer*, Das Mitarbeitergespräch als Führungsinstrument. Ein Handbuch der OSB für Praktiker, Stuttgart 2008,

[125] Vgl. *Winkler, Hofbauer*, Das Mitarbeitergespräch als Führungsinstrument (Anm. 120), 74.

[126] Vgl. *S. Saul*, Führen durch Kommunikation. Mitarbeitergespräche strukturiert, zukunftsorientiert und motivierend, Weinheim 2012, 150.

[127] *Becker*, Personalentwicklung (Anm. 3), 569.

und -aufgaben für den nächsten Zeitraum „kaskadenartig ‚heruntergebrochen' werden"[128]. Der Mitarbeiter trägt so eigenständig zu der Umsetzung der globalen Unternehmensziele bei. „Das zentrale Instrument im Zusammenspiel zwischen Organisations- und Personalentwicklung ist [somit; F.S.] das Mitarbeiter- bzw. Zielvereinbarungsgespräch."[129] Denn Entwicklungsmaßnahmen für den Mitarbeiter orientieren sich in der Regel an diesen Zielvereinbarungen.[130] Russel und Groß formulieren den Bezug von Personal- und Organisationsentwicklung im Mitarbeitergespräch und den daraus resultierenden Vorteil für Mitarbeiter und Unternehmen wie folgt:

> „Am Ende eines gelungenen Mitarbeitergesprächs stehen somit zwei Gewinne: Der Gewinn für die einzelnen Mitarbeitenden in Form von Zielklarheit, Entwicklungsmöglichkeiten und Personalentwicklungsperspektiven; und der Gewinn für die Organisationseinheit bzw. Organisation in Form des zu erwartenden Arbeitseinsatzes des Mitarbeitenden, der möglichst passgenau auf die Ziele der Organisationseinheit abgestimmt ist."[131]

Bei der Formulierung sowohl der Unternehmens- als auch der Mitarbeiterziele ist darauf zu achten, dass die Ziele „SMART" formuliert werden. Das „SMART-Goals-System" wurde von Paul Hersey, Kenneth H. Blanchard und Dewey E. Johnson entwickelt und besagt, dass Ziele „specific" („spezifisch"), „measurable" („messbar"), „attainable" („ausführbar"), „relevant" („relevant") und „trackable" („terminiert") sein müssen.[132] Nur wenn diese fünf Faktoren bei der Zielvereinbarung berücksichtig werden, lässt sich in der Retrospektive auch mit Sicherheit feststellen, ob diese Ziele tatsächlich erreicht wurden. Dies bildet die Grundlage für das nächste Mitarbeitergespräch. Insgesamt hilft das Mitarbeitergespräch also die Beziehung zwischen Führungskraft und Mitarbeiter zu verbessern, Unternehmensziele umzusetzen, indem Ziele und Aufgaben des Mitarbeiters geklärt werden, die Eigenständigkeit des Mitarbeiters zu stärken und seine beruflichen Entwicklungsperspektiven zu planen.

Im Folgenden soll nun der Aspekt der Förderung durch das Mitarbeitergespräch betrachtet werden. Dabei wird kurz auf die besondere Schwerpunktsetzung des Mitarbeitergesprächs als Fördergespräch einzugehen sein. Sodann sollen Ablauf und Umsetzung eines solchen Gesprächs dargestellt werden.

---

[128] *Nagel; Oswald; Wimmer*, Das Mitarbeitergespräch als Führungsinstrument (Anm. 124), 16.
[129] *H.-J. Groß; Y. Russel*, Personalentwicklung und Veränderungsmanagement in der Kirche. Theoretische Überlegungen und Praxisbeispiele aus dem Bistum Trier, in: V. Dessoy; G. Lames (Hg.), „Denn sicher gibt es eine Zukunft" (Spr 23,18). Strategische Perspektiven kirchlicher Organisationsentwicklung, Trier 2008, 88-101, hier: 96.
[130] Vgl. *Winkler; Hofbauer*, Das Mitarbeitergespräch als Führungsinstrument (Anm. 120), 3.
[131] *Groß; Russel*, Personalentwicklung und Veränderungsmanagement in der Kirche (Anm. 129), 96.
[132] Vgl. *K. Lang*, Personalführung - Nicht nur reden, sondern leben! Methoden für eine erfolgreiche Kompetenz- und Potenzialentwicklung - mit praxiserprobten Instrumenten und Umsetzungsbeispielen, Wien ³2009, 84.

## 4.2 Das Mitarbeitergespräch als Fördergespräch

### 4.2.1 Grundlagen

Das Mitarbeitergespräch dient also auch in hohem Maße der beruflichen Weiterentwicklung des Mitarbeiters. Je nach Unternehmen ist die Entwicklung des Mitarbeiters Thema im jährlich stattfindenden Mitarbeitergespräch oder es existiert ein eigenes Instrumentarium dafür: das Fördergespräch. In der wissenschaftlichen Literatur gibt es dafür eine Vielzahl an Bezeichnungen. Es ist von „Fördergespräch", „Beratungsgespräch", „Führungsgespräch", „Entwicklungsgespräch" oder „Zielsetzungsgespräch" die Rede.[133] Jedenfalls ist das Mitarbeitergespräch oder aber dort, wo es eigens existiert, das Fördergespräch „der zentrale Baustein der Personalentwicklung."[134] Insofern soll das Mitarbeitergespräch mit speziellem Fokus auf dem Fördergespräch bzw. der Entwicklungskomponente des Jahresgesprächs dargestellt werden. Im Folgenden wird der besseren Übersichtlichkeit wegen von „Mitarbeitergespräch" die Rede sein. In jedem Fall geht es um die Entwicklungskomponente des Gesprächs zwischen Führungskraft und Mitarbeiter.

Im Mitarbeitergespräch, das sich mit der beruflichen Entwicklung beschäftigt, besteht zunächst die Möglichkeit, dass der Mitarbeiter Wünsche zu seiner weiteren beruflichen Qualifizierung äußert und diese mit der Führungskraft diskutiert.[135] Nicht zu unterschätzen ist dabei der motivationale Faktor, den solche Gespräche haben. „Geld ist nur dann der wichtigste Motivator der meisten Mitarbeiter, wenn alle anderen Motivatoren unzureichend angeboten werden. [...] Entwicklungsmöglichkeiten sind noch vor dem Gehalt einer der wichtigsten Motivatoren"[136]. Nicht nur der einzelne Mitarbeiter profitiert also von der ihm gebotenen Möglichkeit, seine Kompetenzen zu entwickeln, sondern auch das Unternehmen, indem der Mitarbeiter eine größere Motivation in seiner Arbeit an den Tag legt. Den Mitarbeitern geht es bei dieser Entwicklung nicht ausschließlich um den Aufstieg auf der Karriereleiter. Vielfach besteht der Wunsch nach neuen Herausforderungen und anderen spannenden Aufgaben.[137]

Außerdem wird die Führungskraft im Mitarbeitergespräch nach der Selbsteinschätzung der Interessen, Fähigkeiten und Kompetenzen des Mitarbeiters fragen und diese mit ihrem Eindruck abgleichen. Unter Bezugnahme auf gemeinsam vereinbarte Ziele und Aufgaben kann so der Entwicklungsbedarf eruiert werden.[138] In der Regel wird der Fokus dabei auf den Stärken des Mitarbeiters liegen und Schwächen nur dann einbeziehen, wenn deren Beseitigung wesentlich für die Aufgaben des Mitarbeiters ist.[139] Man kann hier von einem potenzialorientierten Ansatz der Personalentwicklung sprechen. Das Mitarbeitergespräch ist somit auch in der Lage nicht genutzte

[133] Vgl. *H. Schuler; Y. Görlich,* Ermittlung erfolgsrelevanter Merkmale von Mitarbeitern durch Leistungs- und Potenzialbeurteilung, in: K. Sonntag (Hg.), Personalentwicklung in Organisationen, Göttingen ³2006, 235-269, hier: 245.
[134] *W. Mentzel,* Mitarbeitergespräche, Freiburg ⁶2013, 72.
[135] Vgl. *Saul,* Führen durch Kommunikation (Anm. 126), 149.
[136] *W. Braig; R. Wille,* Mitarbeitergespräche. Gesprächsführung aus der Praxis für die Praxis, Zürich ⁹2015, 131.
[137] Ebd., 136.
[138] Vgl. *Winkler; Hofbauer,* Das Mitarbeitergespräch als Führungsinstrument (Anm. 120), 94.
[139] Vgl. *Lang,* Personalführung (Anm. 132), 137.

Fähigkeiten und Kompetenzen zu identifizieren und sowohl für den Mitarbeiter als auch das Unternehmen nutzbar zu machen.

Es ist jedoch zu beachten, dass die Entwicklung des Mitarbeiters nur mit dessen Einverständnis funktioniert. Manche Mitarbeiter sind mit ihrer Position und ihren Aufgaben derart zufrieden, dass sie keine berufliche Entwicklung wünschen. „Personalentwicklung ohne Commitment des zu Entwickelnden ist reine Illusion."[140] Kann dieses Commitment allerdings vorausgesetzt werden, dann ist das Mitarbeitergespräch ein wichtiges Instrument, um verborgene Kompetenzen des Mitarbeiters aufzuspüren und zu entwickeln. Als geglückt kann ein Mitarbeitergespräch dann bezeichnet werden, wenn nicht nur der Vorgesetze den Mitarbeiter und dessen Fähigkeiten, Kompetenzen und Potenziale besser kennengelernt hat, sondern sich auch der Mitarbeiter über sich selbst besser im Klaren ist.[141]

### 4.2.2 Exkurs: Selbst- und Fremdwahrnehmung – das „Johari"-Fenster

Im Mitarbeitergespräch treffen die Selbstwahrnehmung des Mitarbeiters und die Fremdwahrnehmung durch die Führungskraft aufeinander. In den 1950er Jahren haben die beiden amerikanischen Psychologen Joseph Luft und Harrington Ingham ein Modell entwickelt, das das Verhältnis von Fremd- und Selbstwahrnehmung beschreibt. Dabei handelt es sich um das nach den Erfindern benannte „Johari"-Fenster.[142]

Das „Johari"-Fenster beschreibt das Verhältnis von Fremd- und Selbstwahrnehmung unter Zuhilfenahme der Kategorie des „Bekannt-Seins" in Form von vier Quadranten. Quadrant I beschreibt alle Eigenschaften, Fähigkeiten, Verhaltensmuster oder beispielsweise Kompetenzen einer Person, die sowohl dieser als auch einer anderen Person bekannt sind. Luft und Ingham nennen dies den „Bereich der freien Aktivität". Quadrant II hingegen beschreibt alles, was zwar einer anderen Person z. B. durch Beobachtung bekannt ist, dem Selbst jedoch unbekannt. Es handelt sich also um den „blinden Fleck" einer Person, die bestimmte Eigenschaften oder Verhaltensmuster an sich selbst nicht wahrnimmt. Bei Quadrant III hingegen handelt es sich um den „Bereich des Vermeidens oder Verbergens". Dort ist all das anzusiedeln, was zwar einer Person über sich selbst bekannt ist, eine andere Person aber nicht über sie weiß. Der Quadrant IV schließlich ist der „Bereich der unbekannten Aktivität". Es geht dabei also um alles, was weder der Person selbst noch einer anderen Person bekannt ist.

---

[140] *Braig; Wille,* Mitarbeitergespräche (Anm. 136), 135.
[141] Vgl. *Nagel; Oswald; Wimmer,* Das Mitarbeitergespräch als Führungsinstrument (Anm. 124), 26.
[142] Vgl. dazu und im Folgenden: *J. Luft,* Einführung in die Gruppendynamik (Texte zur Gruppendynamik), Stuttgart 1971, 22.

|  | Dem Selbst bekannt | Dem Selbst nicht bekannt |
|---|---|---|
| Anderen bekannt | Bereich der freien Aktivität (I) | Bereich des blinden Flecks (II) |
| Anderen nicht bekannt | Bereich des Vermeidens oder Verbergens (III) | Bereich der unbekannten Aktivität (IV) |

Abbildung 1: Das „Johari"-Fenster (eigene Darstellung nach: *Luft*, Einführung in die Gruppendynamik (Anm. 142), 22).

Im Normalfall wird das „Johari"-Fenster nicht symmetrisch aussehen, sondern je nach Personenkonstellation werden die unterschiedlichen Quadranten größer oder kleiner sein. Einem ihr nahestehenden Menschen beispielsweise wird eine Person wahrscheinlich weniger Dinge über sich verbergen, so dass Quadrant III in dieser Konstellation im Gegensatz zu den anderen Quadranten kleiner ausfällt. Einer fremden Person gegenüber wird sicher der „Bereich des Vermeidens oder Verbergens" besonders groß ausfallen.

Ziel des Mitarbeitergesprächs, das einen Mitarbeiter und dessen Kompetenzen entwickeln will, muss es nun sein, dass Quadrant I im Verhältnis zu den anderen Quadranten möglichst groß ist. Auf Quadrant IV haben weder Führungskraft noch Mitarbeiter Einfluss, während die Quadranten II und III tatsächlich verändert werden können. Eine vertrauensvolle Atmosphäre während des Gesprächs und die Zusicherung, dass Inhalte nicht nach außen dringen, können es dem Mitarbeiter ermöglichen, möglichst offen über sich zu reden und so wenig Dinge wie möglich im „Bereich des Vermeidens und Verbergens" zu belassen. Gleichzeitig führt die Rückmeldung und die Fremdeinschätzung durch die Führungskraft dazu, dass der „Bereich des blinden Flecks" schrumpft und der Mitarbeiter sich selbst besser kennen lernt.

Gelingt es dem Mitarbeitergespräch also möglichst viele Kompetenzen, Verhaltensweisen oder auch Defizite in den „Bereich der freien Aktivität" zu bringen, dann ist eine gute Basis für Entwicklungsmaßnahmen bereitet. Denn es können nur diejenigen Kompetenzen entwickelt oder Defizite beseitigt werden, die sowohl dem Mitarbeiter als auch der Führungskraft bewusst sind.

## 4.2.3 Gesprächsvorbereitung

Maßgeblich für den Erfolg oder Nichterfolg eines Mitarbeitergesprächs ist die Vorbereitung, sowohl aufseiten der Führungskraft als auch auf der des Mitarbeiters.[143] In der Praxis wird die

---

[143] Vgl. *Winkler; Hofbauer,* Das Mitarbeitergespräch als Führungsinstrument (Anm. 120), 98.

Führungskraft den Mitarbeiter im Regelfall schriftlich zum Mitarbeitergespräch einladen.[144] Bei der Terminplanung sollte eine ausreichend lange Vorbereitungszeit eingeplant werden, so dass der Mitarbeiter mindestens 14 Tage Zeit hat, sich auf das Gespräch vorzubereiten.[145] Des Weiteren ist es wichtig, soweit es geht Transparenz herzustellen. Der Mitarbeiter sollte mit allen Informationen versorgt werden, die er für die Vorbereitung des Gesprächs benötigt. Es empfiehlt sich außerdem den Mitarbeiter im Vorfeld mit dem Ablauf des Mitarbeitergesprächs vertraut zu machen.[146] Nach Möglichkeit ist der Mitarbeiter in der Vorbereitung durch einen Leitfaden bzw. Fragenkatalog zu unterstützen.[147] Die intensive Vorbereitung auf das Mitarbeitergespräch hat nach Brigitte Winkler und Helmut Hofbauer einen einfachen Grund: „In der Regel ist der Mitarbeiter bei der Vorbereitung auf das Gespräch angespannt, selbst wenn ein gutes Vertrauensverhältnis zu seinem Vorgesetzten besteht. Allein schon deshalb, weil auch über seine Arbeitsleistung gesprochen wird."[148]

Es gilt also eine vertrauensvolle Atmosphäre als Gesprächsbasis zu schaffen, um es dem Mitarbeiter zu ermöglichen, offen über seine vorhandenen Potenziale, aber auch – wo es nötig ist – über seine Defizite zu sprechen. Zu einer gelungenen Gesprächsatmosphäre gehört auch die Auswahl eines geeigneten Raumes. Idealerweise sitzen sich Führungskraft und Mitarbeiter an einem Besprechungstisch auf Augenhöhe gegenüber und jegliche Störquellen wie z. B. ein klingelndes Telefon sind im Vorfeld ausgeschlossen.[149]

Gerade wenn die Beziehung zwischen Mitarbeiter und Führungskraft durch das Alltagsgeschäft belastet ist, empfiehlt es sich, Unstimmigkeiten zu Beginn des Gesprächs aus dem Weg zu räumen. Denn je besser die Beziehung zwischen beiden ist, desto besser und konstruktiver wird das Gespräch verlaufen.[150]

### 4.2.4 Gesprächsdurchführung

Sorgfalt bedarf es nicht nur bei der Vorbereitung des Mitarbeitergesprächs, sondern auch bei dessen Durchführung. Wichtig ist, dass Mitarbeitergespräche in einem geschützten Rahmen stattfinden. Sie sind in der Regel ein Vieraugengespräch zwischen Führungskraft und Mitarbeiter und Inhalte des Gespräches werden mit Ausnahme besprochener Entwicklungsmaßnahmen, die der Personalabteilung bzw. -entwicklung mitgeteilt werden, nicht nach außen gegeben.[151] Die Führungskraft sollte in der Gesprächsführung geschult sein, handelt es sich doch beim Mitarbeitergespräch um „eine speziell anspruchsvolle Kommunikationsform, die sich von

---

[144] Vgl. *Mentzel,* Mitarbeitergespräche (Anm. 134), 17.
[145] Vgl. *Saul,* Führen durch Kommunikation (Anm. 126), 153.
[146] Vgl. *Winkler; Hofbauer,* Das Mitarbeitergespräch als Führungsinstrument (Anm. 120), 98.
[147] Vgl. *Mentzel,* Mitarbeitergespräche (Anm. 134), 25.
[148] *Winkler; Hofbauer,* Das Mitarbeitergespräch als Führungsinstrument (Anm. 120), 99.
[149] Vgl. *Mentzel,* Mitarbeitergespräche (Anm. 134), 17f.
[150] Vgl. ebd., 23-25.
[151] Vgl. *Mentzel,* Mitarbeitergespräche (Anm. 134), 31.

Alltagskontakten zwischen Mitarbeitern und Führungskraft stark unterscheidet."[152] Die Führungskraft sollte sich eine „fragende Gesprächsführung" zu eigen machen.[153] Nicht die Führungskraft, sondern der Mitarbeiter steht im Fokus dieses Gesprächs. Unterstützung erhält der Vorgesetzte in den meisten Fällen durch einen unternehmensspezifischen Gesprächsleitfaden. Das Mitarbeitergespräch wird also teilstrukturiert geführt, die Führungskraft kann sich an den vorformulierten Fragen orientieren.[154] Außerdem lohnt es sich, wenn die Führungskraft zum Einstieg vorbereitete Fragen bereithält, die sich beispielsweise auf das momentane Befinden des Mitarbeiters oder seine familiäre Situation beziehen. Eine empathische Wertschätzung in Form echten Interesses erleichtert den Einstieg in das Gespräch.[155]

Neben der Selbsteinschätzung durch den Mitarbeiter anhand des ihm im Vorfeld ausgehändigten Fragenkatalogs besteht ein wesentliches Element des Mitarbeitergesprächs in dem Feedback durch den Vorgesetzten. Die Führungskraft schaut mit dem Mitarbeiter auf die Arbeitsleistung seit dem vergangenen Mitarbeitergespräch und prüft zusammen mit ihm, ob die vereinbarten Ziele eingehalten werden konnten. „Ein angemessenes Feedback verbessert die zwischenmenschlichen Beziehungen, die Arbeitsmotivation, die persönliche Weiterentwicklung und die sachliche Zusammenarbeit."[156] Die Führungskraft sollte dabei vermeiden „Seins-Aussagen" über den Mitarbeiter zu treffen und wird ihm stattdessen beobachtetes Verhalten spiegeln.[157] Statt dem Mitarbeiter z. B. zu sagen, „Sie sind unzuverlässig", wird der Vorgesetzte ihm besser eine Situation schildern, in der er ihn als unzuverlässig erlebt hat. Die Art der Formulierung vermeidet eine persönliche Verletzung und erhöht die Chance, dass der Mitarbeiter das Feedback annimmt. Genauso sollte aber in jedem Fall auch positives Feedback gegeben werden. Dies gehört zur Förderung des Mitarbeiters. Denn die „Entwicklung eines Mitarbeiters kann durch das Fehlen positiven Feedbacks beeinträchtigt werden; [...] ohne solche Rückmeldung kann er auf Dauer den Wert seiner Aktivitäten für die Organisation nicht mehr erkennen."[158]

Wie bereits aufgezeigt, leiten sich die konkreten Ziele und Aufgaben des Mitarbeiters von den Unternehmenszielen ab. Das Mitarbeitergespräch ist der Ort, an dem der Mitarbeiter benennen kann, welche Förderung bzw. Weiterentwicklung seiner Kompetenzen er benötigt, um die ihm übertragenen Aufgaben ordnungsgemäß erfüllen zu können. Außerdem kann der Mitarbeiter auch Wünsche äußern, in welchen Bereichen er sich für zukünftige Aufgaben weiterentwickeln möchte. Der Mitarbeiter kann seine Stärken darstellen und sich so für Entwicklungsmaßnahmen empfehlen. Diese Erwartungen, Wünsche und Ziele werden im Mitarbeitergespräch mit der

---

[152] *Nagel; Oswald; Wimmer,* Das Mitarbeitergespräch als Führungsinstrument (Anm. 124), 22.
[153] Vgl. ebd., 24.
[154] Vgl. *Schuler; Görlich,* Ermittlung erfolgsrelevanter Merkmale von Mitarbeitern durch Leistungs- und Potenzialbeurteilung (Anm. 133), 245.
[155] Vgl. *Mentzel,* Mitarbeitergespräche (Anm. 134), 35.
[156] *Becker,* Personalentwicklung (Anm. 3), 600.
[157] Vgl. ebd.
[158] *Nagel; Oswald; Wimmer,* Das Mitarbeitergespräch als Führungsinstrument (Anm. 124), 30.

Einschätzung der Führungskraft und den durch die Unternehmensziele vorgegebenen Erfordernissen abgeglichen. Im Anschluss daran ist es möglich, konkrete Fortbildungsziele für den Mitarbeiter zu formulieren.[159] Diese Ziele sollten nicht nur „SMART" formuliert werden und so deren Erreichen einfach zu überprüfen sein. Vielmehr empfiehlt es sich, nicht lediglich die Entwicklungsmaßnahme festzuhalten, sondern als Ziel den angestrebten Endzustand zu formulieren.[160] Statt „Der Mitarbeiter besucht einen Konfliktmanagementkurs" sollte also besser festgehalten werden: „Der Mitarbeiter ist in der Lage Konflikte innerhalb seines Arbeitsbereichs selbstständig zu lösen".

## 4.2.5 Gesprächsprotokoll

Am Ende des Mitarbeitergesprächs steht das Gesprächsprotokoll. Hierin fassen Führungskraft und Mitarbeiter die Ergebnisse des Gesprächs gemeinsam zusammen. Das Protokoll verbleibt in je einer Ausfertigung sowohl bei der Führungskraft als auch beim Mitarbeiter und dient zum einen zur Orientierung über die gemeinsam formulierten Ziele und Aufgaben und ist zum anderen so Gesprächsgrundlage für das nächste Gespräch.[161] „Das *Ergebnisprotokoll* enthält die vereinbarten Entwicklungs- und Fördermaßnahmen für den Mitarbeiter."[162] Idealerweise existiert auch hier ein einheitlicher, unternehmensspezifischer Vordruck, in den die Gesprächsergebnisse eingetragen werden können.[163] Bis auf die festgehaltenen Entwicklungs- und Fördermaßnahmen, die an die Personalabteilung bzw. -entwicklung weitergeleitet werden, verbleibt das Gesprächsprotokoll bei Führungskraft und Mitarbeiter und wird vertraulich behandelt.[164] Nur so wird gewährleistet, dass der Mitarbeiter im Gespräch sich ganz offen selbst einschätzen und seine Stärken und Schwächen aufzeigen kann.

## 4.2.6 Ableitung von Entwicklungsmaßnahmen

Aufgrund der festgehaltenen Ergebnisse des Mitarbeitergesprächs können Entwicklungsmaßnahmen für den Mitarbeiter abgeleitet werden. Hierzu steht eine große Bandbreite an Maßnahmen zur Verfügung. Neben „klassischen" Weiterbildungsmaßnahmen, die neue Kenntnisse in Seminaren oder durch Literaturstudium in Eigeninitiative umfassen, können Qualifizierungen am Arbeitsplatz oder die Teilnahme an bestimmten Projekten eingesetzt werden.[165] Daneben gibt es beispielsweise noch die Maßnahme der „job rotation", bei der der Mitarbeiter kurzfristig einen anderen Tätigkeitsbereich innerhalb des Unternehmens

---

[159] Vgl. *Mentzel*, Mitarbeitergespräche (Anm. 134), 75f.
[160] *H. Proske; E. Reiff*, Zielvereinbarungen und Jahresgespräche, Freiburg ²2014, 86.
[161] Vgl. *Nagel; Oswald; Wimmer*, Das Mitarbeitergespräch als Führungsinstrument (Anm. 124), 43.
[162] Ebd. Hervorhebung im Original.
[163] Vgl. *Becker*, Personalentwicklung (Anm. 3), 602.
[164] Vgl. *Nagel; Oswald; Wimmer*, Das Mitarbeitergespräch als Führungsinstrument (Anm. 124), 43.
[165] Vgl. *Winkler; Hofbauer*, Das Mitarbeitergespräch als Führungsinstrument (Anm. 120), 95.

übernimmt.[166] Die Maßnahmen der Personalentwicklung, die sich aus dem Mitarbeitergespräch ableiten lassen, zielen somit nicht nur auf die theoretische, sondern ganz stark auf die praktische Vermittlung neuer Kenntnisse. Ziel der Fördermaßnahmen ist es, dass der Mitarbeiter „seinen Arbeitsplatz besser ausfüllen [kann; F.S.], dadurch fühlt er sich sicherer, ist zufriedener und kann seine Talente und Fähigkeiten breitbandiger einsetzen; dadurch steigt sein Selbstwertgefühl."[167]

Die Maßnahmen, die sich aus dem Mitarbeitergespräch ergeben, lassen sich also in vielen Fällen in der beruflichen Praxis und im unternehmerischen Alltag umsetzen. Nur zum Teil werden Maßnahmen theoretisch durchgeführt.

## 4.3 Mitarbeitergespräche: Ein lohnendes Instrument für die Kirche

Wenn die Kirche auch als „pastorales Unternehmen" eingestuft werden kann und damit Personalentwicklung in der Kirche als sinnvoll erscheint, und wenn das Mitarbeitergespräch das zentrale Instrument der PE ist, dann liegt es auf der Hand, dass das Mitarbeitergespräch auch in der katholischen Kirche eingesetzt werden sollte. Warum dies sinnvollerweise der Fall ist und wie es im Einzelnen umgesetzt werden kann, soll im Folgenden diskutiert werden.

Zunächst lässt sich festhalten, dass das Gespräch nicht nur eine wichtige Rolle in der Personalentwicklung spielt und deswegen in kirchlichen Arbeitsverhältnissen etabliert werden sollte. Das (Einzel-)Gespräch ist bibeltheologisch betrachtet eine zentrale Weise, wie Jesus Menschen begegnet und diese begleitet. Im Johannesevangelium wird eine Reihe von Einzelgesprächen geschildert, die erhebliches Entwicklungspotenzial für die Gesprächspartner Jesu mitbringen.[168] Insofern lässt sich auch für eine Gesprächspraxis in der kirchlichen Personalentwicklung plädieren. Hinzu kommt, dass – wie bereits oben gezeigt – das Mitarbeitergespräch dazu dienen kann, die Potenziale der Mitarbeiter auszuschöpfen. Schöpfungstheologisch lässt sich also sagen, dass das Mitarbeitergespräch dem Einzelnen helfen kann, ganz der zu werden, zu dem Gott ihn geschaffen hat, mit allen Fähigkeiten, Fertigkeiten und Kompetenzen. Folglich sprechen nicht nur unternehmerische, sondern maßgeblich auch theologische Gründe für die Praxis des Mitarbeitergesprächs in der Kirche.

Es war bislang beim Mitarbeitergespräch von einem Gespräch zwischen Führungskraft und Mitarbeiter die Rede. Für den kirchlichen Kontext könnte dies bedeuten, dass der leitende Pfarrer gewissermaßen als Führungskraft seines Pastoralteams die Gespräche mit seinen hauptamtlichen „Mitarbeitern" führt. Die leitenden Pfarrer wiederum könnten in diesem Gesprächskonzept als „Mitarbeiter" der Dekane oder der Personalabteilung des Ordinariats verstanden werden, so dass je nachdem zwei oder drei Gesprächsebenen etabliert werden könnten.

---

[166] Vgl. *Becker*, Personalentwicklung (Anm. 3), 602.
[167] *Saul*, Führen durch Kommunikation (Anm. 126), 150.
[168] Vgl. z. B.: Joh 3,1-13; 4,1-26; 20,11-18; 21,15-23.

Als operatives Geschäft kann der pastorale Alltag, die Gestaltung des Kirchenjahres verstanden werden, die selbst ohne größere Projekte in der Pfarrei die volle Aufmerksamkeit und den vollen Einsatz der Hauptamtlichen fordert. Das Mitarbeitergespräch ermöglicht es, für kurze Zeit diesen pastoralen Alltag zu durchbrechen und den Fokus von der Pastoral auf den einzelnen Mitarbeiter zu lenken. Leistungen des pastoralen Mitarbeiters können in diesem Rahmen entsprechend gewürdigt werden. Diese (gegenseitige) Wertschätzung wiederum kann zu einem besseren Verhältnis innerhalb des Pastoralteams und gesteigerter Produktivität führen.

Ein weiterer Vorteil des Mitarbeitergesprächs ist dessen einfache Umsetzbarkeit. Der Zeitaufwand hält sich in Grenzen und beträgt nur die Zeit der Gesprächsvor- und nachbereitung, sowie die Durchführung des Gesprächs selbst. Geht man davon aus, dass ein Mitarbeitergespräch wesentlich zur Motivation des einzelnen Mitarbeiters beiträgt, so lohnt dies alleine bereits den Aufwand.

Mit Blick auf den Zusammenhang zwischen Personal- und Organisationsentwicklung kann es auch für die Kirche von Vorteil sein, wenn Bistümer „Unternehmensziele" vorgeben, von denen sich Ziele und Aufgaben der Hauptamtlichen ableiten lassen. Wenn zum Beispiel ein „Unternehmensziel" lautet, dass die Firmvorbereitung in jedem Dekanat einheitlich geregelt werden soll, dann können ein oder mehrere Mitarbeiter des Dekanats mit der Entwicklung eines Firmkatechesekonzeptes beauftragt werden. Wenn dieses Mitarbeiterziel dann noch „SMART" formuliert wird, d. h. es wird möglichst genau festgelegt, was bis zu einem bestimmten Datum geleistet werden soll, dann lässt sich die Einhaltung des Ziels genau überprüfen. Freilich kann es dabei nicht darum gehen kirchliche Mitarbeiter gewissermaßen unter wirtschaftlichen Erfolgsdruck zu setzen, jedoch helfen „SMARTE" Ziele bei Nichterreichen der Vorgabe zu analysieren, wo die Probleme lagen. Zum anderen bedeutet es durch die Messbarkeit für den Mitarbeiter ein konkretes Erfolgserlebnis, wenn er seine Ziele erreicht. Im pastoralen Alltag kann das Erreichen solcher kleinerer Ziele die hauptamtlichen Mitarbeiter dabei unterstützen, das „große Ziel" nicht aus den Augen zu verlieren: die Verkündigung des Evangeliums.

Neben der Festlegung solcher Mitarbeiterziele liegt der Fokus des Mitarbeitergesprächs ja maßgeblich auf der Analyse der Potenziale des Mitarbeiters und der Frage nach deren Entwicklung. Für den kirchlichen Bereich scheint es nötig zu sein, zu betonen, dass eine berufliche Entwicklung nicht zwingend einen Aufstieg in der Hierarchie bedeutet. Die Kirche zeichnet sich nämlich gerade durch flache Hierarchien mit wenig Ebenen aus. So ist es nicht erstrebenswert, alle Hauptamtlichen auf die Arbeit im Ordinariat zu entwickeln. Vielmehr kann eine berufliche Entwicklung auch mit dem Wechsel der Aufgabenfelder einhergehen. Hier bietet die Pastoral eine Großzahl an Möglichkeiten an. Zum Beispiel kann sich ein Mitarbeiter das Feld der Jugend- oder Seniorenpastoral mit seinen je eigenen Schwerpunkten, Aufgaben und Voraussetzungen erschließen. Gleichzeitig bietet auch die Arbeit in Projekten, wie z. B. einem Projekt der

Neugestaltung der Ehevorbereitung in einem Dekanat oder einer Diözese Entwicklungsmöglichkeiten.

Für die praktische Durchführung des Mitarbeitergesprächs gelten die gleichen Maßstäbe wie sie in der wissenschaftlichen Literatur zu finden sind und oben bereits diskutiert wurden. So ist es sicherlich sinnvoll, wenn die einzelnen Diözesen – wie dies zum Teil schon der Fall ist – Leitfäden und Vorlagen für Gesprächsprotokolle zur Verfügung stellen.[169] Die Vertraulichkeit des Mitarbeitergesprächs sollte in der katholischen Kirche eine Selbstverständlichkeit sein, ist man ja bestens mit vertraulichen Gesprächen (beispielsweise in Form der Beichte) vertraut. Dies setzt auch voraus, dass die Ergebnisse des Gesprächs zwar protokolliert werden, aber bei den beiden Gesprächspartnern verbleiben. Einzig besprochene Entwicklungsmaßnahmen können z. B. an die Personalabteilung weitergegeben werden, die dann für die Organisation der Maßnahme Sorge tragen kann.

Das Mitarbeitergespräch ist also ein Instrument, das sich, wo das noch nicht geschehen ist, einfach in den kirchlichen Arbeitsalltag integrieren lässt, das theologisch sinnvoll ist und höchst effiziente Ergebnisse (Verbesserung der Zusammenarbeit im Pastoralteam, Steigerung der Motivation der Mitarbeiter, Analyse von Kompetenzdefiziten und Ableitung von gezielten Entwicklungsmaßnahmen) erzielen kann.

## 4.4 Mitarbeitergespräche in deutschen Bistümern – Analyse von Leitfäden

Steckt die strategische Personalentwicklung innerhalb der katholischen Kirche noch in ihren Kinderschuhen, so hielt doch das Mitarbeitergespräch als Instrument der Personalentwicklung bereits Anfang der 2000er Jahre langsam Einzug in die deutschen Diözesen. Spätestens seit 2002 wurde es versuchsweise im Bistum Trier eingesetzt.[170] Mittlerweile nutzen auch einige andere Diözesen (zum Teil auch versuchsweise) das Instrument des Mitarbeitergesprächs. Nachfolgend sollen die Mitarbeitergesprächsleitfäden dreier Diözesen exemplarisch analysiert werden. Dabei soll darauf geachtet werden, wie die Erkenntnisse aus der wissenschaftlichen Literatur umgesetzt sind und wie diese in die jeweilige Situation der Diözesen „übersetzt" wurden. Verglichen werden sollen die Leitfäden der (Erz-)Diözesen Bamberg, Münster und Magdeburg. Das Erzbistum Bamberg gehört mit seinen 696.247 Katholiken ins Mittelfeld der deutschen Diözesen, was die Größe angeht.[171] Gleichzeitig handelt es sich um „das größte Diasporabistum in Bayern"[172]. Das Bistum Münster ist mit seinen 1.920.302 Katholiken nach der Erzdiözese Köln das größte Bistum

---

[169] Vgl. dazu das nachfolgende Kapitel 4.4 „Mitarbeitergespräche in deutschen Bistümern – Analyse von Leitfäden".
[170] Vgl. *Russel*; *Groß*, Personalentwicklung im Bistum Trier (Anm. 42), 54f.
[171] Vgl. Deutsche Bischofskonferenz, Katholische Kirche in Deutschland. Zahlen und Fakten 2014/15 (Arbeitshilfen; 275), hg. vom Sekretariat der Deutschen Bischofskonferenz, Bonn 2015, 42.
[172] Vgl. http://erzdioezese.kirche-bamberg.de/bistum-allgemein/karte (10.03.2016).

in Deutschland.[173] Magdeburg hingegen ist das zweitkleinste deutsche Bistum mit einer Katholikenzahl von 85.006.[174]

Folglich handelt es sich um drei sehr heterogene Bistümer, die auch geschichtlich und kulturell völlig unterschiedlich geprägt sind. Es stellt sich also die Frage, inwieweit sich die Leitfäden an der wissenschaftlichen Literatur der BWL orientieren und ob und wenn ja inwiefern die Leitfäden auf die spezifischen Situationen der Bistümer angepasst sind. Besonderheiten der Gesprächsleitfäden sollen ebenso herausgestellt werden wie auch Gemeinsamkeiten. Ferner soll herausgearbeitet werden, inwiefern die Leitfäden auf die Erfassung der Kompetenzen der Mitarbeiter eingehen und wie Entwicklungsmaßnahmen daraus abgeleitet werden. Dabei wird auch darauf zu achten sein, welches Menschenbild die Leitfäden als Maßstab an die Mitarbeiter anlegen und ob dieses dem kirchlichen Auftrag gerecht wird.

### 4.4.1 Die theoretischen Grundlagen der Gesprächsleitfäden

Die Leitfäden für das Mitarbeitergespräch in den (Erz-)Diözesen Bamberg, Münster und Magdeburg unterscheiden sich zunächst einmal deutlich in ihrem Umfang. Der Leitfaden der Erzdiözese Bamberg verfügt über einen Umfang von 20 Seiten.[175] Etwas umfangreicher ist der Gesprächsleitfaden des Bistums Münster mit 24 Seiten.[176] Mit seinen 34 Seiten hat der Leitfaden des Bistums Magdeburg den größten Umfang.[177] Auffallend ist beim Gesprächsleitfaden des Bistums Magdeburg ebenfalls, dass dieser maßgeblich von einer externen Person entwickelt wurde. Mit dem katholischen Theologen, Therapeuten und Organisationsberater Valentin Dessoy setzte das Bistum Magdeburg gewissermaßen auf professionelle Unterstützung.[178] Der Leitfaden der Diözese Münster gibt immerhin noch Quellenliteratur an.[179] Im Bamberger Leitfaden heißt es lediglich, dass zu dessen Erstellung „auf Erfahrungen und Leitfadentexte der Erzdiözese Bamberg und anderer deutscher Bistümer zurückgegriffen"[180] wurde. Während der Leitfaden des Bistums

---

[173] Vgl. Deutsche Bischofskonferenz, Katholische Kirche in Deutschland (Anm. 171), 42.
[174] Vgl. ebd.
[175] Vgl. Erzbistum Bamberg, Das jährliche Mitarbeitergespräch im Erzbistum Bamberg. Leitfaden mit Anhang. Vordrucke, Leitfragen, Beispielfragen, in: http://personalentwicklung.kirche-bamberg.de/surf/proxy/alfresco-system/api/node/content/workspace/SpacesStore/7cf28fe4-f462-416f-975b-93527b6f62be/leitfaden.pdf?a=true (02.03.2016).
[176] Vgl. Bischöfliches Generalvikariat Münster, Führen durch Ziele. Einführung in das strukturierte Mitarbeiterjahresgespräch (MaJG). Leitfaden, in: http://www.bistum-muenster.de/downloads/Seelsorge%20Personal/2009/Fuehren_durch_Ziele_Leitfaden_Pilotprojekt.pdf (02.03.2016).
[177] Bistum Magdeburg, Das Mitarbeiter-Gespräch. Leitfaden zur Einführung und Durchführung, erarbeitet von Dr. Valentin Dessoy, hg. von der Hauptabteilung Personal im Bischöflichen Ordinariat, in: http://www.bistum-magdeburg.de/upload/pzg/reorg_bim_0704_mitarbeitergespraech.pdf (02.03.2016).
[178] Ein Überblick über Lebenslauf, Veröffentlichungen und Arbeitsschwerpunkte findet sich auf folgender Homepage: http://www.kairos-cct.de/ (14.10.2016).
[179] Vgl. Bischöfliches Generalvikariat Münster, Führen durch Ziele (Anm. 176), 23f.
[180] Erzbistum Bamberg, Das jährliche Mitarbeitergespräch im Erzbistum Bamberg (Anm. 175), Anm. 1 (S. 2).

Magdeburg bereits 2006 veröffentlicht wurde,[181] stammen die beiden Leitfäden aus Bamberg und Münster frühestens aus dem Jahr 2009.[182]

Alle drei Leitfäden verfügen über eine Begründung des Mitarbeitergesprächs, in der dessen Nutzen hervorgehoben wird, sowie über theoretische Grundlagen. Der Leitfaden der Erzdiözese Bamberg begründet den Einsatz des Mitarbeitergesprächs mit dem „Wunsch der Mitarbeitenden nach Wertschätzung ihrer Person und Arbeit" und sieht in diesem Gespräch „einen institutionellen Ort, an dem sie [die Mitarbeiter; F.S.] die Möglichkeit haben, ihre Kompetenzen, Ressourcen und individuelle Berufung besser zu erkennen, zu entwickeln und umzusetzen"[183]. Ferner ist das Mitarbeitergespräch nach Auffassung der Bistumsleitung geeignet, um die strategische Personalentwicklung der Erzdiözese Bamberg zu steuern.[184] In knappen Worten erklärt der Leitfaden, worum es sich bei einem Mitarbeitergespräch handelt und was dessen Besonderheiten sind.[185] Ebenfalls ganz knapp werden die Rahmenbedingungen, wie z. B. Vorbereitung oder Ablauf des Mitarbeitergesprächs im Erzbistum Bamberg geschildert, sowie auf die Notwendigkeit einer gründlichen Gesprächsvorbereitung aufmerksam gemacht.[186]

Damit bietet der Bamberger Gesprächsleitfaden ganz kompakt auf wenigen Seiten die wichtigsten Dinge, die sowohl Führungskraft als auch Mitarbeiter vor einem Mitarbeitergespräch wissen müssen. Einerseits fördert dies die leichte Handhabbarkeit des Gesprächsleitfadens, denn dadurch, dass der theoretische Teil sehr übersichtlich gehalten ist, entfällt eine größere Einarbeitungszeit. Andererseits besteht die Gefahr, dass die Grundlagen im Bamberger Leitfaden zu kurz kommen, zumal kein Verweis auf weitere Literatur vorhanden ist.

Der Leitfaden des Bistums Münster verfügt über eine etwas ausführlichere theoretische Grundlegung. Bevor das Mitarbeitergespräch in den Blick genommen wird, wird erst einmal grundsätzlich die Sinnhaftigkeit strategischer Personalentwicklung in der Kirche begründet. Dazu wird ganz allgemein erklärt, was unter Personalentwicklung verstanden wird.[187] Die Notwendigkeit der PE innerhalb des Bistums Münster wird sodann mit dem veränderten Rollenbild des Pfarrers und daraus resultierend auch aller anderen Hauptamtlichen angegeben.[188] Des Weiteren betont der Gesprächsleitfaden des Bistums Münster, dass strategische Personalentwicklung und folglich auch Mitarbeitergespräche wichtig sind, „um die Qualität der Arbeit zu sichern und zu verbessern", um Potenziale auszuschöpfen und „um trotz geringerer

---

[181] Vgl. Bistum Magdeburg, Das Mitarbeiter-Gespräch (Anm. 177), 1.

[182] Für den Leitfaden der Erzdiözese Bamberg ist 2009 als Veröffentlichungsjahr angegeben: vgl. Erzbistum Bamberg, Das jährliche Mitarbeitergespräch im Erzbistum Bamberg (Anm. 175), 3. Der Münsteraner Leitfaden ist hingegen nicht datiert. Jedoch wird ein Vortrag aus dem Jahr 2009 angegeben, so dass der Leitfaden im gleichen Jahr oder später entstanden sein muss: vgl. Bischöfliches Generalvikariat Münster, Führen durch Ziele (Anm. 176), 24.

[183] Erzbistum Bamberg, Das jährliche Mitarbeitergespräch im Erzbistum Bamberg (Anm. 175), 3.

[184] Vgl. ebd.

[185] Vgl. ebd., 4.

[186] Vgl. ebd., 6-8.

[187] Vgl. Bischöfliches Generalvikariat Münster, Führen durch Ziele (Anm. 176), 2.

[188] Vgl. ebd.

finanzieller und personeller Ressourcen den kirchlichen Auftrag erfüllen zu können."[189] Besonders herausgestellt wird der Nutzen des Mitarbeitergesprächs sowohl für die Mitarbeiter als auch für die Führungskräfte und das Bistum.[190] Ebenfalls wird noch innerhalb dieser theoretischen Grundlegung ein Schema über den Ablauf des Mitarbeitergesprächs, sowie grundsätzliche Regelungen zur Durchführung gegeben.[191]

Der Gesprächsleitfaden der Diözese Münster ist nicht nur im Grundlagenteil etwas ausführlicher als der der Erzdiözese Bamberg, er bietet – wie weiter oben bereits erwähnt – eine Liste mit Literatur, so dass sich interessierte Führungskräfte und Mitarbeiter ausführlich mit dem Thema „Mitarbeitergespräche" auseinandersetzen können.

Der Mitarbeitergesprächsleitfaden des Bistums Magdeburg hat nicht nur insgesamt den größten Umfang, auch der Theorieteil ist mit 16 Seiten deutlich ausführlicher gefasst als in den Leitfäden von Bamberg und Münster.[192] Zunächst wird ebenfalls die Bedeutung des Mitarbeitergesprächs für das Bistum herausgestellt. So hält der Leitfaden fest, dass das Mitarbeitergespräch „einer kontinuierlichen Verbesserung der Arbeitsprozesse, der Zusammenarbeit und der Qualifikation von Mitarbeiter/innen und Führungskräften"[193] dient. Als entscheidende Ziele des Gesprächs werden die Motivation der Mitarbeiter und die Entdeckung der Entwicklungspotenziale der Mitarbeiter genannt.[194] Wie auch im Leitfaden der Diözese Münster listet der Magdeburger Gesprächsleitfaden den Nutzen des Mitarbeitergesprächs für Führungskräfte, Mitarbeiter und Bistum auf.[195] Sehr ausführlich geht der Leitfaden des Bistums Magdeburg auf die Rahmenbedingungen des Mitarbeitergesprächs ein. So hält er als einziger der drei Gesprächsleitfäden als Voraussetzung für Mitarbeitergespräche fest, dass die Organisation, d.h. das Bistum Ziele formuliert haben muss.[196] Damit verweist der Magdeburger Leitfaden auf die enge Verknüpfung von Personal- und Organisationsentwicklung. Ferner wird die Notwendigkeit betont, dass Führungskräfte entsprechend qualifiziert und damit überhaupt erst in der Lage sein müssen, Mitarbeitergespräche führen zu können.[197] Außerdem hält der Mitarbeitergesprächsleitfaden der Diözese Magdeburg fest, wie die Hierarchieverhältnisse innerhalb des Bistums sind und wer folglich als Führungskraft mit welchem Mitarbeiter die Gespräche führt.[198] Der Gesprächsablauf wird detailliert beschrieben, inklusive Hinweisen zum

---

[189] Bischöfliches Generalvikariat Münster, Führen durch Ziele (Anm. 176), 3.
[190] Vgl. ebd., 5f.
[191] Vgl. ebd., 7f.
[192] Vgl. Bistum Magdeburg, Das Mitarbeiter-Gespräch (Anm. 177), 3-18.
[193] Ebd., 4.
[194] Vgl. ebd., 5.
[195] Vgl. ebd., 6f.
[196] Vgl. ebd., 7.
[197] Vgl. ebd.
[198] Vgl. ebd., 8f.

äußeren Rahmen des Gesprächs, wie Wahl der des richtigen Ortes, einer geeigneten Gesprächsatmosphäre, oder auch konkreten Empfehlungen zur Gesprächsführung.[199]

Der Gesprächsleitfaden der Diözese Magdeburg bietet in seinem Theorieteil einen Gesamtüberblick über das Thema „Mitarbeitergespräch". Auch ohne zusätzliche Literatur verwenden zu müssen, werden Führungskräfte und Mitarbeiter umfassend informiert. Der einzige Nachteil könnte darin bestehen, dass für jemanden, der sich noch nie mit Mitarbeitergesprächen befasst hat, die Materie zu komplex sein könnte.

## 4.4.2 Gesprächsablauf

Alle drei Mitarbeitergesprächsleitfäden verfügen – wie bereits aufgezeigt – über eine schematische Darstellung des idealtypischen Ablaufs des Mitarbeitergesprächs. Obwohl dabei die groben Linien in allen drei Leitfäden gleich sind, gibt es bei genauerer Betrachtung doch Unterschiede in den Details. Deswegen sollen die Abläufe aus den Leitfäden im Folgenden dargestellt und sodann miteinander verglichen werden.

Der Mitarbeitergesprächsleitfaden der Erzdiözese Bamberg kennt fünf Themenblöcke, die im Mitarbeitergespräch chronologisch „abgearbeitet" werden sollen. Der erste Themenblock ist mit „Arbeitsaufgaben" überschrieben und soll dazu dienen, die Arbeitsbereiche bzw. Aufgaben und Ziele seit dem letzten Mitarbeitergespräch zu reflektieren.[200] Im zweiten Abschnitt, der mit dem Titel „Arbeitsumfeld" überschrieben ist, soll einerseits besprochen werden, wie die Zusammenarbeit mit den Kollegen funktioniert, andererseits können in diesem Themenbereich auch strukturelle Dinge, wie z. B. die Ausstattung des Arbeitsplatzes angesprochen werden.[201] Sodann sollen die Führungskraft und der Mitarbeiter in einem dritten Themenblock ihre Zusammenarbeit reflektieren. Hier ist auch Raum für gegenseitiges Feedback grundsätzlicherer Art vorgesehen.[202] In einem vierten Abschnitt geht es dann um die weitere Entwicklung des Mitarbeiters.[203] Es können beispielsweise konkrete Entwicklungsmaßnahmen wie „die Delegation von Sonderaufgaben, eine Aufgabenerweiterung oder Projektleitung, die Mitarbeit in externen Arbeitsgruppen, Kooperationen mit anderen Bistümern oder nichtkirchlichen Institutionen, [...] Teilnahme an Tagungen, Seminaren, Lehrgängen, Kursen"[204] besprochen werden. Bei dem letzten Abschnitt handelt es sich um die sogenannten „Schlussvereinbarungen", in denen Mitarbeiter und Führungskraft aus den Gesprächsnotizen die wichtigsten Ergebnisse des Gespräches, wie z. B. Ziele oder geplante Entwicklungsmaßnahmen, festhalten.[205]

---

[199] Vgl. Bistum Magdeburg, Das Mitarbeiter-Gespräch (Anm. 177), 10-18.
[200] Vgl. Erzbistum Bamberg, Das jährliche Mitarbeitergespräch im Erzbistum Bamberg (Anm. 175), 7.
[201] Vgl. ebd.
[202] Vgl. ebd.
[203] Vgl. ebd.
[204] Vgl. ebd.
[205] Vgl. ebd.

Der Gesprächsablauf wird im Gesprächsleitfaden der Diözese Münster ähnlich vorgegeben. Thematisch wird allerdings das, was im Bamberger Leitfaden unter „Arbeitsaufgaben" und „Arbeitsumfeld" getrennt besprochen wurde, unter dem Titel „Rückblick und Standortbestimmung" zusammengefasst.[206] Inhaltlich ändert sich dabei allerdings nichts. Auch der Münsteraner Leitfaden schlägt zunächst Fragen zu konkreten Aufgabenfeldern des vergangenen Jahres sowie daran anschließend zu Rahmenbedingungen des Arbeitsplatzes vor.[207] In einem zweiten Themenblock wird dann sowohl die Zusammenarbeit unter den Kollegen als auch mit der Führungskraft reflektiert.[208] Als dritten Themenbereich für das Mitarbeitergespräch gibt der Münsteraner Leitfaden „Ausblick und Ziele" vor.[209] Führungskraft und Mitarbeiter sprechen in diesem Teil des Mitarbeitergesprächs darüber, welche Ziele der Mitarbeiter – auch in Abhängigkeit von den Zielen des Bistums – bis zum nächsten Gespräch erreichen soll.[210] Anders als im Leitfaden der Erzdiözese Bamberg werden im Gesprächsleitfaden der Diözese Münster also zunächst Ziele für den Mitarbeiter festgelegt und dann daraus Entwicklungsmaßnahmen abgeleitet. Dies geschieht im vierten Themenblock des Mitarbeitergesprächs, der mit „Entwicklung und Fördermaßnahmen" überschrieben ist.[211] Ganz am Ende des Gesprächs werden die Ergebnisse ebenfalls in einem Protokoll festgehalten.[212]

Auch beim Gesprächsablauf ist der Leitfaden der Diözese Magdeburg erneut am ausführlichsten. Der Leitfaden teilt das Gespräch in fünf Phasen ein, deren Anfangsbuchstaben das Wort „KOALA" („**K**ontaktphase", „**O**rientierungsphase", „**A**nalysephase", „**L**ösungsphase" und „**A**bschlussphase") ergeben.[213] Der Ablauf des Mitarbeitergesprächs ist durch diese Merkhilfe besonders einfach einzuprägen. Zu Beginn des Mitarbeitergesprächs empfiehlt der Leitfaden in der Kontaktphase, deren ungefähre Dauer mit fünf Minuten angegeben ist, mit dem Mitarbeiter ungezwungen ins Gespräch zu kommen.[214] In dieser Aufwärmphase hat das Gespräch noch eher „Smalltalkcharakter" und dient dazu, das eigentliche Gespräch vorzubereiten. Daran schließt sich die „Orientierungsphase" an, in der Mitarbeiter und Führungskraft gemeinsam den Gesprächsverlauf planen, Themen festlegen und bestimmen, wie viel Zeit sie für die einzelnen Punkte einplanen wollen.[215] Die dritte und die vierte Phase, die sogenannte „Analysephase" und die „Lösungsphase" sollen nach Möglichkeit zusammengefasst werden.[216] In mehreren Durchläufen werden dabei Themen wie „das Arbeitsfeld, die Arbeitsbeziehungen, die berufliche

---

[206] Vgl. Bischöfliches Generalvikariat Münster, Führen durch Ziele (Anm. 176), 11.
[207] Vgl. ebd.
[208] Vgl. ebd., 12.
[209] Vgl. ebd., 13.
[210] Vgl. ebd.
[211] Vgl. ebd., 14.
[212] Vgl. ebd., 21f.
[213] Vgl. Bistum Magdeburg, Das Mitarbeiter-Gespräch (Anm. 177), 13.
[214] Vgl. ebd.
[215] Vgl. ebd.
[216] Vgl. ebd., 14.

Entwicklung oder Führungsverhalten"[217] besprochen. Dabei wird jeweils der „IST"-Zustand erörtert und der „SOLL"-Zustand festgelegt.[218] Die „Abschlussphase" steht am Ende des Gesprächs. In ihr werden die Ziele, Vorgaben, aber auch Entwicklungsmaßnahmen, die vorausgehend ausgehandelt wurden, dokumentiert und verbindlich vereinbart.[219]

Bei dem Gesprächsablauf des Magdeburger Leitfadens handelt es sich also um eine besonders ausgestaltete Form des Mitarbeitergesprächs. Im Vergleich zu den Leitfäden aus Bamberg und Münster ist der Magdeburger Leitfaden um zwei größere Abschnitte nach vorne hin erweitert. In der „Kontaktphase" stimmen sich Mitarbeiter und Führungskraft institutionalisiert auf das Mitarbeitergespräch ein. Die „Orientierungsphase" bietet dann beiden Seiten die Möglichkeit Themen im Mitarbeitergespräch zu platzieren. Die Verbindung aus „Analysephase" und „Lösungsphase" deckt sich wiederum im Großen und Ganzen mit dem Gesprächsablauf, wie ihn die Leitfäden aus Bamberg und Münster vorschlagen.


### 4.4.3 Kompetenzanalyse

Als zentrales Instrument der Personalentwicklung fragt das Mitarbeitergespräch auch nach den Kompetenzen der Mitarbeiter und leitet daraus konkrete Entwicklungsmaßnahmen ab. Im Folgenden soll untersucht werden, wie die Analyse der Kompetenzen bzw. die Ableitung der Entwicklungsmaßnahmen in den drei kirchlichen Mitarbeitergesprächsleitfäden umgesetzt ist.

Im Gesprächsablauf des Leitfadens der Erzdiözese Bamberg beschäftigt sich der vierte Abschnitt mit der Entwicklung des Mitarbeiters. Die Leitfragen, die dem Mitarbeiter in Vorbereitung auf das Gespräch ausgehändigt werden, sollen ihn dabei unterstützen, sich auf diesen Gesprächsabschnitt vorzubereiten.[220] Der Mitarbeiter wird durch diesen Fragenkatalog angeregt, sich über seine berufliche Entwicklung Gedanken zu machen. Die Leitfrage dabei lautet: „Wo liegen aus meiner Sicht meine besonderen Stärken und Begabungen/ meine Berufung/ meine Charismen? Wie kann ich diese in meine Arbeit einbringen?"[221] Dass der Charismenbegriff hier vermieden werden und besser von Kompetenzen die Rede sein sollte, ergibt sich aus den obigen Überlegungen zum Charismen- bzw. Kompetenzbegriff. Dennoch ist die Intention klar. Der Mitarbeiter soll seine „Stärken und Begabungen", seine Kompetenzen reflektieren und sich dessen bewusst sein, was er alles einbringen kann. Gleichwohl soll er sich in einem zweiten Schritt über bestehende Defizite Gedanken machen.[222] Aufgrund dieser Überlegungen regt der Leitfaden den Mitarbeiter gezielt dazu an, Fähigkeiten oder Kompetenzen zu benennen, die bislang nicht im Berufsalltag zum

[217] Bistum Magdeburg, Das Mitarbeiter-Gespräch (Anm. 177), 14.
[218] Vgl. ebd.
[219] Vgl. ebd.
[220] Vgl. Erzbistum Bamberg, Das jährliche Mitarbeitergespräch im Erzbistum Bamberg (Anm. 175), 10.
[221] Ebd.
[222] Vgl. ebd.

Einsatz kommen.[223] In gewisser Weise wird der Mitarbeiter so aufgefordert, eine Analyse seiner Potenziale zu betreiben, auch mit Blick auf die angestrebte berufliche Entwicklung.[224] Schließlich soll sich der Mitarbeiter konkrete Entwicklungsmaßnahmen überlegen, die ihn in seinem beruflichen Alltag unterstützen.[225] Hier besteht aber eine doppelte Gefahr. Zum einen könnte es eine Überforderung des Mitarbeiters bedeuten, wenn dieser sich selbständig Entwicklungsmaßnahmen überlegen soll, ohne zu wissen, welche Maßnahmen tatsächlich angeboten werden können. Zum anderen besteht die Gefahr, dass die „Unternehmensperspektive", d. h. die Ziele des Erzbistums Bamberg, aus dem Blick gerät. Personalentwicklung darf nicht nur den Wünschen der Mitarbeiter entsprechen, sondern muss auch die Entwicklung des Unternehmens, in diesem Fall die Erzdiözese im Blick haben. Dass diese Perspektive nicht aus dem Blick gerät, ist dabei Aufgabe der Führungskraft. Mit Ausnahme der Kompetenzen und Entwicklungsmaßnahmen ist dies auch im Bamberger Gesprächsleitfaden konsequent durchgehalten. Die Leitfragen aufseiten der Führungskraft behandeln ansonsten die gleichen Themen wie aufseiten des Mitarbeiters, so dass im Mitarbeitergespräch Selbst- und Fremdeinschätzung gegenübergestellt werden.[226]

Der Mitarbeitergesprächsleitfaden des Bistums Münster enthält ebenfalls Leitfragen mit Blick auf die Entwicklung des Mitarbeiters, die sich größtenteils kaum von den Fragen des Bamberger Leitfadens unterscheiden. Einen markanten Unterschied gibt es jedoch in der ersten Frage, die der Leitfaden dem Mitarbeiter in Vorbereitung auf das Mitarbeitergespräch stellt: „Welche Kompetenzen bringe ich ein?"[227] Der Begriff der „Kompetenz" fehlte im Fragenkatalog des Erzbistums Bamberg gänzlich. Zwar ist im Münsteraner im Gegensatz zum Bamberger Leitfaden, der von Charismen spricht, richtigerweise von Kompetenzen die Rede, allerdings wird der Begriff „Kompetenz" im Leitfaden nirgends erklärt, sodass nicht gesichert ist, was der Mitarbeiter tatsächlich unter „Kompetenzen" versteht. Trotzdem wird ebenfalls danach gefragt, welche Kompetenzen der Mitarbeiter in seinem beruflichen Alltag bislang noch nicht einbringen konnte.[228] Der Fokus der Kompetenzanalyse im Leitfaden der Diözese Münster liegt insgesamt sehr auf der Perspektive des Mitarbeiters. Die Leitfragen für die Führungskraft sind wesentlich knapper gefasst und fragen überhaupt nicht danach, welche Kompetenzen die Führungskraft bei dem Mitarbeiter wahrgenommen hat.[229] Stattdessen stellt der Leitfaden dem Mitarbeiter die Frage, was dieser eigenverantwortlich für seine berufliche Entwicklung beisteuert.[230] Der Mitarbeiter kann so noch größeren Einfluss auf seine berufliche Entwicklung nehmen, als das

---

[223] Vgl. Erzbistum Bamberg, Das jährliche Mitarbeitergespräch im Erzbistum Bamberg (Anm. 175), 10.
[224] Vgl. ebd.
[225] Vgl. ebd.
[226] Vgl. ebd., 11.
[227] Bischöfliches Generalvikariat Münster, Führen durch Ziele (Anm. 176), 14.
[228] Vgl. ebd.
[229] Vgl. ebd., 19.
[230] Vgl. ebd., 14.

beispielsweise im Leitfaden der Erzdiözese Bamberg der Fall ist. Der starke Fokus auf den Mitarbeiter kann jedoch auch nachteilige Auswirkungen für ihn haben. Alle Kompetenzen, die im Sinne des „Johari"-Fensters im „Bereich des blinden Flecks" des Mitarbeiters liegen, können so durch das fehlende Feedback der Führungskraft nicht entwickelt werden. Gleichzeitig ist eine mangelnde Berücksichtigung der Organisationsentwicklung auch für den Mitarbeiter nachteilig. Er muss sogar ein doppeltes Interesse daran haben. Geht man nämlich davon aus, dass ein kirchlicher Mitarbeiter nicht nur ein Interesse an der Erhaltung seines Arbeitsplatzes, sondern auch daran hat, dass die Kirche ihrem Verkündigungsauftrag nachkommen kann, dann wird nicht nur die Frage im Mittelpunkt stehen, welche Kompetenzen der Mitarbeiter gerne erwerben bzw. ausbauen möchte, sondern auch zentral die Frage, welche Kompetenzen das Bistum braucht.

Der Mitarbeitergesprächsleitfaden der Diözese Magdeburg ist erneut, auch was die Analyse der Kompetenzen der Mitarbeiter im Gespräch angeht, am ausführlichsten. Er bietet nicht nur Fragen an den Mitarbeiter und die Führungskraft zur Erfassung bereits vorhandener oder noch zu entwickelnder Kompetenzen,[231] sondern einen umfangreichen Kompetenzkatalog.[232] Das Bistum Magdeburg hat in seinem Mitarbeitergesprächsleitfaden vier Kompetenzbereiche definiert, die es für die Arbeit im Bistum für wichtig hält. Dabei handelt es sich um die Bereiche: „Fachliche Kompetenz", „Personale Kompetenz", „Soziale Kompetenz" und „Spirituelle Kompetenz".[233] Der Mitarbeitergesprächsleitfaden orientiert sich somit an den klassischen vier Kompetenzclustern „Fachkompetenz", „Methodenkompetenz", „Sozialkompetenz" und „Personale Kompetenz" und variiert diese etwas.[234] Die „Methodenkompetenz" wurde unter die „Fachliche Kompetenz" subsumiert und das neue Cluster der „Spirituellen Kompetenz" eingeführt. Der Mitarbeitergesprächsleitfaden nennt zu jedem der vier Kompetenzbereiche eine Reihe von Beispielen, an denen sich Mitarbeiter und Führungskraft orientieren können. Zur „Fachlichen Kompetenz" zählt der Leitfaden beispielsweise „theologisches, sozialwissenschaftliches, organisatorisches, technisches oder betriebswirtschaftliches Fachwissen", aber auch „Gesprächsführung" oder „Fähigkeit zur Delegation".[235] Der Kompetenzbereich der „Spirituellen Kompetenz" ist sicher ein kirchliches Alleinstellungsmerkmal. Die aufgeführten Kompetenzen beziehen sich dabei aber nicht auf die private Frömmigkeit des kirchlichen Mitarbeiters, sondern auf das Glaubenszeugnis im beruflichen Alltag, wie z. B. die „Artikulationsfähigkeit, d.h. zu Gott und von Gott und den eigenen Gotteserfahrungen verständlich sprechen [zu; F.S.] können"[236].

Im Gegensatz zu den Gesprächsleitfäden der (Erz-)Diözesen Bamberg und Münster hat der Magdeburger Leitfaden viel stärker auch die Organisationsentwicklung im Blick. So lautet eine der

---

[231] Vgl. Bistum Magdeburg, Das Mitarbeiter-Gespräch (Anm. 177), 29.
[232] Vgl. ebd., 21f.
[233] Vgl. ebd.
[234] Die Kompetenzcluster wurden bereits in Kapitel 3.2 „Kompetenz" behandelt.
[235] Vgl. Bistum Magdeburg, Das Mitarbeiter-Gespräch (Anm. 177), 21.
[236] Ebd., 22.

Leitfragen mit Blick auf die Entwicklung der Mitarbeiterkompetenzen: „Welche Fähigkeiten im jeweiligen Kompetenzbereich braucht in Zukunft die Organisation verstärkt?"[237] Dennoch gerät auch der Mitarbeiter mit seinen Interessen und Entwicklungswünschen nicht aus dem Blick,[238] so dass man dem Magdeburger Gesprächsleitfaden ein ausgewogenes Verhältnis von OE und PE attestieren kann.

Am Ende des jeweiligen Gesprächsabschnitts zu Kompetenzen und beruflicher Entwicklung des Mitarbeiters halten Führungskraft und Mitarbeiter fest, welche Fördermaßnahmen vereinbart werden.[239] Das Erzbistum Bamberg bietet hierzu einen „Bedarfserhebungsbogen" im Anhang des Gesprächsleitfadens, in dem der Bedarf an Entwicklungsmaßnahmen eingetragen und an das Generalvikariat weitergeleitet werden kann.[240]

### 4.4.4 Besonderheiten des Mitarbeitergesprächs im kirchlichen Kontext

Schließlich stellt sich noch die Frage, ob und woran man merken kann, dass diese Gesprächsleitfäden im kirchlichen Kontext Verwendung finden. Schlägt sich in ihnen das christliche Menschenbild nieder, das der Kirche zueigen ist? Steht auch der Mitarbeiter im Fokus des Interesses oder sind es nur die Bistumsziele, die verfolgt werden? Im Folgenden soll untersucht werden, in welchen Punkten sich die Gesprächsleitfäden der (Erz-)Diözesen Bamberg, Münster und Magdeburg beispielsweise von Vorlagen aus der wissenschaftlichen Literatur unterscheiden.

Obwohl das Mitarbeitergespräch noch nicht lange in der Kirche Verwendung findet, wird doch dessen Relevanz herausgestellt. Der Gesprächsleitfaden des Bistums Münster begründet die Verwendung des Mitarbeitergesprächs damit, dass die Mitarbeiter im Fokus des Interesses der Kirche als Arbeitgeber stehen.[241] Im Leitfaden des Erzbistums Bamberg wird gar von einem „Recht auf ein Mitarbeitergespräch"[242] gesprochen. Dies führt sogar soweit, dass die Führungskraft dazu verpflichtet ist, die Durchführung des Mitarbeitergesprächs, freilich ohne Preisgabe der vertraulichen Gesprächsinhalte, dem Generalvikariat zu melden.[243]

Der Mitarbeiter als Mensch steht in einem besonderen Fokus der drei analysierten kirchlichen Mitarbeitergesprächsleitfäden. So stellt die Diözese Magdeburg den Ausführungen zum Mitarbeitergespräch ein Zitat aus ihren „Pastoralen Zukunftsgesprächen" voran:

---

[237] Bistum Magdeburg, Das Mitarbeiter-Gespräch (Anm. 177), 21.
[238] Vgl. ebd., 29.
[239] Vgl. dazu: Bischöfliches Generalvikariat Münster, Führen durch Ziele (Anm. 176), 8; Bistum Magdeburg, Das Mitarbeiter-Gespräch (Anm. 177), 18; Erzbistum Bamberg, Das jährliche Mitarbeitergespräch im Erzbistum Bamberg (Anm. 175), 7.
[240] Vgl. Erzbistum Bamberg, Das jährliche Mitarbeitergespräch im Erzbistum Bamberg (Anm. 175), 19.
[241] Vgl. Bischöfliches Generalvikariat Münster, Führen durch Ziele (Anm. 176), 3.
[242] Erzbistum Bamberg, Das jährliche Mitarbeitergespräch im Erzbistum Bamberg (Anm. 175), 5.
[243] Vgl. ebd., 17.

„Die größte Ressource in unserer Ortskirche sind die Menschen, die bereit sind, sich für das Reich Gottes zu engagieren ... Ihr Einsatz ist weiter zu stärken. Die Begabungen und Fähigkeiten von Einzelnen und Gruppen gilt es wahrzunehmen und zu fördern."[244]

Der Motivation der Mitarbeiter durch das Mitarbeitergespräch kommt im kirchlichen Kontext noch einmal eine besondere Rolle zu. Denn „‚Kirche' als personalintensive Dienst- und Leistungsgemeinschaft kann ihre Aufgaben – insbesondere in der Pastoral – nur mit motivierten Mitarbeitern und Mitarbeiterinnen bewältigen."[245]

Selbstanspruch ist dabei, dass sich innerhalb der Kirche auch im Mitarbeitergespräch im Umgang mit ihren Mitarbeitern ein Unterschied zu anderen Unternehmen bemerkbar macht, insofern der Mitarbeiter in der Gesamtheit seiner Person in den Blick genommen wird. Das Bistum Münster formuliert diesen Selbstanspruch folgendermaßen:

„Kirchliche Personalentwicklung basiert auf der Tatsache, dass Gott von Anfang an Menschen berufen hat, an seinem Schöpfungs- und Erlösungswerk mitzuarbeiten. Dabei hat der Aspekt der Individualität immer eine große Rolle gespielt – als klares Gegenbild zu einer egalisierenden Personalentwicklung vieler Wirtschaftsunternehmen. Hier geht es um gelebte Organisationskultur."[246]

Zwei Aspekte, in denen sich die kirchlichen Leitfäden unterscheiden, fallen dabei insbesondere auf. Die Vereinbarkeit von Beruf und Familie und die Ablehnung der Mitarbeitergespräche als Basis der Vergütung. Die Vereinbarkeit von Beruf und Familie ist ein Thema, das in der wissenschaftlichen Literatur zu Mitarbeitergesprächen in der Regel keine große Rolle spielt. Die Mitarbeitergesprächsleitfäden sowohl der Diözese Münster als auch der Erzdiözese Bamberg greifen dieses Thema auf und integrieren es in das Mitarbeitergespräch.[247] Am Ende des Mitarbeitergespräches können so auch Vereinbarungen zwischen Mitarbeiter und Führungskraft stehen, die auf eine bessere Vereinbarkeit von Beruf und Familie abzielen. Darin zeigt sich der besondere Stellenwert, den Kirche auch als Arbeitgeber der Familie zuschreibt.

Ferner ist auch der Verzicht des Mitarbeitergesprächs als Grundlage für die Vergütung charakteristisch für die Kirche. In vielen Unternehmen hingegen ist mittlerweile ein variables Vergütungssystem etabliert, das sich an der erbrachten Leistung der Mitarbeiter orientiert, und in der Regel im Mitarbeitergespräch besprochen wird.[248] In den Mitarbeitergesprächsleitfäden von Magdeburg und Münster wird ausdrücklich betont, dass die Gespräche nicht vergütungsrelevant sind.[249] Der Leitfaden des Erzbistums Bamberg formuliert ebenfalls ausdrücklich, dass der

---

[244] Bistum Magdeburg, Das Mitarbeiter-Gespräch (Anm. 177), 4.
[245] Bischöfliches Generalvikariat Münster, Führen durch Ziele (Anm. 176), 2.
[246] Ebd., 3.
[247] Vgl. dazu: Bischöfliches Generalvikariat Münster, Führen durch Ziele (Anm. 176), 11; Erzbistum Bamberg, Das jährliche Mitarbeitergespräch im Erzbistum Bamberg (Anm. 175), 7.
[248] *Nagel; Oswald; Wimmer*, Das Mitarbeitergespräch als Führungsinstrument (Anm. 124), 72-82.
[249] Vgl. dazu: Bistum Magdeburg, Das Mitarbeiter-Gespräch (Anm. 177), 6; Bischöfliches Generalvikariat Münster, Führen durch Ziele (Anm. 176), 4.

Mitarbeiter „nicht nur unter dem Aspekt von Leistung und erreichten Ergebnissen, sondern auch unter der Aufmerksamkeit für die je individuelle Berufung zu sehen"[250] ist.

Als kirchenspezifisch kann also die Umkehrung der Pflicht in ein „Recht auf ein Mitarbeitergespräch", die Berücksichtigung der Individualität eines jeden Mitarbeiters, die Vereinbarkeit von Beruf und Familie sowie der Verzicht auf das Mitarbeitergespräch als Vergütungsgrundlage gelten.

## 4.4.5 Fazit

Dem Mitarbeitergespräch als Instrument der Personalentwicklung wird in den Gesprächsleitfäden der (Erz-)Diözesen Bamberg, Münster und Magdeburg eine bedeutende Rolle zugeschrieben. Vor allen Dingen die Motivation der Mitarbeiter durch die Mitarbeitergespräche wird als Gewinn genannt. Generell lässt sich festhalten, dass die untersuchten Gesprächsleitfäden, die wissenschaftliche Literatur zum Mitarbeitergespräch kennen und auch umsetzen. Man kann den Bistümern eine gewisse personalentwicklerische Professionalität attestieren, wenn Empfehlungen aus der Literatur umgesetzt werden. Dies wird beispielsweise von der Vorbereitung des Gesprächs mithilfe von Leitfragenkatalogen, der konkreten Durchführung mit Ratschlägen zur Raumwahl und Gesprächsatmosphäre bis hin zur vertraulichen Protokollierung der Gespräche durchgehalten. Ziele werden im Bistum Münster „SMART" formuliert und lassen es so zu, dass ihr Nicht-/Erreichen im kommenden Mitarbeitergespräch einfach festgestellt werden können. Das Bistum Magdeburg bietet mit seinem Mitarbeitergesprächsleitfaden gar ein „Kondensat" der wichtigsten Themenfelder des Mitarbeitergesprächs und lässt so, was die theoretische Grundlegung und Vorbereitung auf das Gespräch angeht, kaum Wünsche offen. Gleichzeitig hat es nicht nur die Personal- sondern auch die Organisationsentwicklung als deren zweiten „Lungenflügel" im Blick. Dies ist wohl nicht zuletzt der Tatsache geschuldet, dass das Bistum Magdeburg seinen Mitarbeitergesprächsleitfaden von einem „Experten" erstellen ließ. Ob dies aus strategischen Überlegungen heraus geschah oder das relativ kleine Bistum einfach personell keine Ressourcen zur Erstellung des Leitfadens zur Verfügung stellen konnte, bleibt dahingestellt. In jedem Fall verfügt das Bistum Magdeburg mit seinem Leitfaden im Vergleich zur Erzdiözese Bamberg und dem Bistum Münster die besten Voraussetzungen für die erfolgreiche Umsetzung des Mitarbeitergesprächs auf Bistumsebene.

Trotzdem lässt sich in keinem der drei Fälle eine Verbindung zwischen (Erz-)Diözese und und Mitarbeitergesprächsleitfaden herstellen. Es lässt sich weder sagen, dass der Leitfaden des Bistums Magdeburg für ein besonders kleines Bistum im Osten der Bundesrepublik erstellt wurde, noch dass der Münsteraner Leitfaden sich besonders für eine große Diözese mit knapp zwei

---

[250] Erzbistum Bamberg, Das jährliche Mitarbeitergespräch im Erzbistum Bamberg (Anm. 175), 3.

Millionen Katholiken eignete. Mit wenigen Ausnahmen könnten die drei Mitarbeitergesprächsleitfäden auch in jedem anderen Unternehmen Verwendung finden.

Dies spricht auf der einen Seite sicherlich für die Professionalität der Leitfäden, sind doch die gängigen Standards aus der Betriebswirtschaftslehre umgesetzt. Andererseits besteht auch der Anspruch an die Kirche aufgrund ihres Menschenbildes besonders verantwortungsvoll und wertschätzend mit ihren Mitarbeitern umzugehen. Die geschilderten Besonderheiten der kirchlichen Mitarbeitergesprächsleitfäden sind dabei sicherlich ein erster Schritt. Allerdings ist für die Glaubwürdigkeit eines verantwortungsvollen Umgangs von Kirche mit ihren Mitarbeitern nicht die Theorie, sondern die Umsetzung in die Praxis der Maßstab. Daran wird sich kirchliche Personalentwicklung messen lassen müssen.

## 4.5 Kompetenzmanagement und Mitarbeitergespräch in der kirchlichen und unternehmerischen Praxis

### 4.5.1 Interviews in Kirche und Wirtschaft

Nachdem die Personalentwicklung definiert und deren Relevanz für die Kirche aufgezeigt, der Kompetenzbegriff analysiert und das Mitarbeitergespräch im kirchlichen Kontext in der Theorie besprochen ist, soll nun noch das Kompetenzmanagement und das Mitarbeitergespräch in der kirchlichen und unternehmerischen Praxis betrachtet werden. Dazu wurden vom Verfasser dieser Untersuchung drei Interviews mit Personalverantwortlichen aus Kirche und Wirtschaft geführt. Mit den Interviewpartnern wurde vereinbart, dass die Interviews soweit anonymisiert werden, dass keine Rückschlüsse auf Person und Diözese bzw. Unternehmen möglich sind. Das erste Interview wurde mit einer Personalentwicklerin eines großen Medienunternehmens geführt, das in 20 Ländern etwa 10.000 Mitarbeiter beschäftigt. Als zweiter Interviewpartner stand ein Bereichsleiter der Weiterbildung eines großen deutschen Wohlfahrtsverbands in kirchlicher Trägerschaft, der derzeit etwa 8.000 Mitarbeiter beschäftigt, zur Verfügung. Das dritte Interview wurde mit dem Abteilungsleiter für strategische Personalentwicklung einer deutschen Diözese, die insgesamt 15.500 Mitarbeiter beschäftigt, geführt. Im Fokus des Interesses dieser Untersuchung steht die strategische Personalentwicklung in der katholischen Kirche. Insofern soll anhand der Interviews herausgearbeitet werden, wie Kirche Kompetenzen managet und Mitarbeitergespräche führt. Dazu sollen die Erkenntnisse aus dem Interview mit dem Abteilungsleiter für strategische Personalentwicklung der deutschen Diözese mit den Erkenntnissen aus den beiden Interviews verglichen und so Gemeinsamkeiten und Unterschiede herausgearbeitet werden.

## 4.5.2 Die Interviewmethode: Das Experteninterview

Als Interviewmethode für diese Untersuchung wurde das „Experteninterview" gewählt. Dieses zielt „ab auf die Rekonstruktion von besonderen Wissbeständen bzw. von besonders exklusivem, detailliertem oder umfassendem Wissen über besondere Wissbestände und Praktiken, kurz: auf die Rekonstruktion von Expertenwissen."[251] Der Interviewpartner hat sich in einem bestimmten Feld ein Expertenwissen angeeignet, auf das der Interviewer zugreifen möchte. Dies setzt allerdings voraus, dass auch der Interviewer in diesem Themenbereich über ein fundiertes Wissen verfügt, das er sich vor dem Interview aneignen muss.[252] Das Experteninterview bezeichnet somit nicht nur die Befragung eines Experten. Vielmehr besteht es darin, dass sich ein Experte und ein „Quasi-Experte"[253] über ein Themenfeld austauschen. Methodisch handelt es sich beim Experteninterview um ein qualitatives, halbstrukturiertes Leitfadeninterview.[254] Grundlage für die Interviews war ein Fragenkatalog mit zwölf Leitfragen.[255] Die Fragen dienten im Interview zur Orientierung, wurden aber nicht „sklavisch" abgearbeitet, denn das „Leitfadeninterview orientiert sich an der Forderung nach Offenheit qualitativer Forschung. Daher sollte der Interviewer nicht zu starr am Leitfaden kleben und im falschen Moment Ausführungen unterbrechen."[256] Insofern kommen nicht alle Fragen in den geführten Interviews explizit vor, gerade auch wenn die Interviewpartner stellenweise in ihren Antworten andere Fragen bereits mitbeantwortet haben. Während der Interviews wurden Audiomitschnitte erstellt, die in eine textliche Fassung transkribiert wurden.[257] Da das Experteninterview auf die Gewinnung von Sachinformationen abzielt, wurden bei der Transkription Verzögerungslaute, Pausen oder auch Stimmlage nicht berücksichtigt. Die transkribierten Interviews wurden den Interviewpartnern zur Freigabe vorgelegt und an einigen Stellen gewünschte Änderungen eingearbeitet.


## 4.5.3 Das „unternehmerische Selbstbild"

Zu Beginn aller drei Interviews stand die Frage danach, was das „Unternehmen" des jeweiligen Interviewpartners in besonderer Weise auszeichnet, was es damit auch von anderen Unternehmen unterscheidet. Den Interviewpartnern wurde somit zum Gesprächseinstieg die Gelegenheit gegeben, das „unternehmerische Selbstbild" zu präsentieren. In allen drei Antworten fiel jeweils ein Schlagwort, das die Aussage der gesamten Antwort *in nuce* zusammenfasst und

---

[251] *M. Pfadenhauer,* Auf gleicher Augenhöhe. Das Experteninterview – ein Gespräch zwischen Experte und Quasi-Experte, in: A. Bogner; B. Littig; W. Menz (Hg.), Experteninterviews. Theorien, Methoden, Anwendungsfelder, Wiesbaden [3]2009, 99-116, hier: 99.

[252] Vgl. ebd., 111.

[253] Ebd., 99.

[254] Vgl. *H. O. Mayer,* Interview und schriftliche Befragung. Entwicklung, Durchführung, Auswertung, München [5]2009, 37f.

[255] Vgl. dazu im Anhang: 7.1 „Fragenkatalog halbstrukturiertes Leitfadeninterview".

[256] *Mayer,* Interview und schriftliche Befragung (Anm. 254), 37f.

[257] Die transkribierten Interviews befinden sich im Anhang dieser Arbeit ab Seite II und werden dementsprechend zitiert.

somit als „unternehmerisches Selbstbild" verstanden werden kann. Die Schlagwörter waren: „Werteorientierung"[258], „Hilfestellung"[259] und „Nähe zum Menschen"[260].

„Werteorientierung" war das Schlagwort, das im Interview mit dem Abteilungsleiter für strategische Personalentwicklung einer deutschen Diözese fiel. Zwar hatte er auf die Frage, was die Diözese von einem Unternehmen unterscheidet, zunächst damit argumentiert, dass die Kirche keine Gewinne erzielen muss: „Die [Unternehmen; F.S.] müssen auch faktisch was erwirtschaften und da muss eine schwarze Null oder vielmehr letztlich unter dem Strich rauskommen. Das ist bei der Kirche gänzlich anders. Die hat auch einen Auftrag, aber die hat eine Sendung."[261] Aber der Schwerpunkt der Antwort lag dann auf der Werteorientierung der Kirche, wenn auch zunächst noch mit dem Zugeständnis, dass auch Wirtschaftsunternehmen die Notwendigkeit von Werten erkannt haben:

> „Also ich glaube auch, dass es viele Unternehmen gibt, die darauf Wert legen inzwischen, weil sie wissen, dass es ein ganz zentraler Beitrag natürlich auch für die Identifikation ihrer Mitarbeiter ist und für deren Arbeitsmotivation. Das hat man inzwischen voll erkannt und dafür tun die – finde ich – zum Teil bedeutend mehr als wir selber. Leider Gottes."[262]

Dennoch sieht der Interviewpartner in der Werteorientierung der Kirche aufgrund der biblischen Weisungen einen „Schatz, den es zu heben gilt"[263]. Gleichzeitig handelt es sich dabei um ein Alleinstellungsmerkmal von Kirche, das ihr unter Umständen auf dem Arbeitsmarkt einen Wettbewerbsvorteil einbringen kann:

> „Und was ich auch finde, was uns unterscheidet in meiner Wahrnehmung, dass die Menschen, die zur Kirche kommen und hier gerne arbeiten wollen, die Erwartung an uns haben, dass das [die Wertorientierung; F.S.] ein Thema ist und dass das eine Rolle spielt und dass das eine Auswirkung hat auf die Kommunikation, auf den Umgang, auf Wertschätzung etc."[264]

Im „unternehmerischen Selbstbild" der Diözese stellt also die Heilige Schrift und die Werte, die in der Kirche tradiert werden, die „Corporate Identity" dar, d. h. das, was sie von anderen Unternehmen unterscheidet.

Das Schlagwort, das im Gespräch mit dem Bereichsleiter für Weiterbildung in einem großen kirchlichen Wohlfahrtsverband fiel, war „Hilfestellung". Der Wohlfahrtsverband hat „derzeit gut 8.000 Mitarbeiter und Mitarbeiterinnen, die in allen unterschiedlichsten Feldern eigentlich der

---

[258] Interview Diözese, II, Z. 26.
[259] Interview Wohlfahrtsverband, VII, Z. 16.
[260] Interview Medienunternehmen, XIII, Z. 11.
[261] Interview Diözese, II, Z. 11-13.
[262] Ebd., Z. 26-30.
[263] Ebd., Z. 30f.
[264] Ebd., III, Z. 1-4.

sozialen Arbeit arbeiten."[265] Zwar gibt es viele Mitwettbewerber auf diesem Markt, das Alleinstellungsmerkmal des kirchlichen Wohlfahrtsverbands sieht der Interviewpartner aber darin, dass der Wohlfahrtsverband nicht in eine bestimmte Richtung spezialisiert ist, sondern „dass wir einfach Hilfestellung für unterschiedlichste Notlagen anbieten und Lebenslagen anbieten können."[266]

Das Schlagwort, das im Interview mit der Personalentwicklerin des Medienunternehmens fiel, war die „Nähe zum Menschen". Das meint in diesem Fall, dass das Unternehmen sehr stark am Menschen als Kunden orientiert ist: „Trotz der Vielfältigkeit und Unterschiedlichkeit bündeln sich alle unsere Aktivitäten auf den Menschen. Zum Beispiel der Endkunde."[267]. Dies ist notwendig, weil sich das Unternehmen auf einem „hochdynamischen Markt"[268] bewegt. Gerade in der Medienbranche ist es wichtig, die neuesten Trends zu kennen. Insofern ist es wichtig die Bedürfnisse des Kunden zu kennen und der ist in diesem Fall der Endkunde: „Unsere Produkte bewegen sich im Umfeld „B2C" [Anmerkung: Business-to-Consumer; F.S.] und nicht im Umfeld „B2B" [Anmerkung: Business-to-Business; F.S.]."[269]

Betrachtet man die unterschiedliche Akzentsetzung in diesem „unternehmerischen Selbstbild", dann fällt auf, dass dieses jeweils in gewisser Weise mit der Art des Unternehmens übereinstimmt. Dass das Medienunternehmen die „Nähe am Menschen" als wesentlich beschreibt, weil es auf den Menschen als Kunden angewiesen ist, liegt in der Natur der Sache. Der kirchliche Wohlfahrtsverband hingegen rückt die „Hilfestellung" in den Fokus. Einerseits entspricht dies natürlich dem kirchlichen Grundvollzug der „diakonia", weil diese Hilfestellung tatsächlich ein Dienst am Nächsten ist. Andererseits handelt es sich dabei nicht nur um einen Dienst, sondern auch um eine Dienstleistung, die abgerechnet werden kann und so das wirtschaftliche Überleben des Wohlfahrtsverbands sichert. Die „Werteorientierung", die sich als „unternehmerisches Selbstbild" der Diözese herauskristallisierte, ist zunächst einmal unabhängig von möglichen „Kunden".[270] Auch wenn die „Werteorientierung" auf dem Arbeitsmarkt als Alleinstellungsmerkmal dienen kann, zeigt sich im Selbstbild der Diözese, dass diese ihrem wirtschaftlichen Überleben keinen besonders großen Stellenwert beimisst.

---

[265] Interview Wohlfahrtsverband, VII, Z. 9f.
[266] Ebd., Z. 15f.
[267] Interview Medienunternehmen, XIII, Z. 7-8.
[268] Ebd., Z. 6.
[269] Ebd., Z. 8-10.
[270] Ähnlich der Begriffsdiskussion darum, ob Kirche als Unternehmen bezeichnet werden kann, gibt es eine Diskussion um den Begriff des „Kundens" im kirchlichen Kontext. Diese Diskussion kann an dieser Stelle nicht nachgezeichnet werden. Einige Überlegungen zur Thematik finden sich aber bei Leo Karrer: Vgl. L. Karrer, Kirche – ein Unternehmen? Anmerkungen zu einem Kongressthema, in: PThI 20 (2000/1) 12-16.

#### 4.5.4 Stellenwert der Personalentwicklung und Umsetzungsgrad am Beispiel des Mitarbeitergesprächs

Auf die Frage nach dem „unternehmerischen Selbstbild" folgte die Frage nach dem Stellenwert der Personalentwicklung in dem jeweiligen Unternehmen bzw. der Diözese. Für die Diözese lässt sich eine massive Veränderung der Wahrnehmung der Personalentwicklung festhalten:

> „Also ich kann inzwischen einen Zeitraum überblicken von gut zehn Jahren, zu diesem Thema. Und die Personalentwicklung ist ganz klar aus einem Schattendasein [...] herausgetreten. Sie wird sehr ernst genommen. Manchmal glaube ich sogar schon überschätzt, in dem was sie erreichen kann."[271]

Einerseits wird der Personalentwicklung ein hoher Stellenwert zugeschrieben, ja sie steht sogar in der Gefahr in ihren Möglichkeiten deutlich überbewertet zu werden, andererseits gelingt die Umsetzung der PE noch nicht in allen Bereichen. Als Beispiel kann hier das Mitarbeitergespräch als zentrales Steuerungselement der Personalentwicklung dienen. Im Bereich der Verwaltung der Diözese ist das Mitarbeitergespräch verpflichtend eingeführt und erreicht einen hohen Umsetzungsgrad.[272] Gleiches gilt für den Bereich der kategorialen Seelsorge.[273] Im „Kerngeschäft" bzw. Kernbereich, der klassischen Pastoral, stellt sich das hingegen anders dar:

> „[I]m Bereich der territorialen Seelsorge ist es ein Instrument, das noch kaum umgesetzt wird in meiner Einschätzung. Es ist dort auch freiwillig, d. h. der Leiter einer Seelsorgeeinheit entscheidet eigenverantwortlich, ob er dieses Instrument nutzen will."[274]

Gleichzeitig wird das Mitarbeitergespräch jedoch in der Diözese als „das zentrale und eines der wirksamsten Personalführungsinstrumente überhaupt"[275] eingeschätzt. In den Bereichen hingegen, in denen das Mitarbeitergespräch verbindlich eingeführt ist, wird es ausnahmslos mit allen Mitarbeitern geführt:

> „Das Mitarbeiterjahresgespräch wird grundsätzlich mit allen Mitarbeiterinnen und Mitarbeitern geführt [...] Bei Personen, die geringfügig beschäftigt sind, d. h. eine Wochenstundenzahl von vier, fünf Stunden haben, was es sehr häufig gibt, auch gerade in den Pfarreien, sind die Vorgesetzten verpflichtet zu fragen: ‚Wie möchten Sie das? Oder wie händeln wir das?' Weil jeder Mitarbeiter soll wissen, dass er die Möglichkeit hat, unabhängig von der Stundenzahl, dass mit ihm Mitarbeiterjahresgespräch geführt wird."[276]

---

[271] Interview Diözese, III, Z. 16-19.

[272] Vgl. ebd., IV, Z. 1-4.

[273] Vgl. ebd., Z. 6-8.

[274] Ebd., Z. 4-6.

[275] Ebd., Z. 22.

[276] Ebd., Z. 16-21.

Grundsätzlich wird der Personalentwicklung in der Diözese ein hoher Stellenwert beigemessen, die Umsetzung, beispielsweise in Form des Mitarbeitergesprächs, ist in den verschiedenen Bereichen allerdings noch unterschiedlich weit fortgeschritten.

Auch für den Wohlfahrtsverband hat die Personalentwicklung einen „sehr hohen Stellenwert"[277]. Das zeigt sich laut dem Bereichsleiter für Weiterbildung einerseits darin, dass es „einen eigenen Geschäftsbereich [gibt], der sich eben schwerpunktmäßig mit der Ausbildung von Menschen beschäftigt."[278] Ferner unterhält der Wohlfahrtsverband „eigene berufliche Schulen"[279]. Andererseits wird nicht nur Wert auf die Aus-, sondern auch auf die Weiterbildung der Mitarbeiter gelegt:

> „Die zweite Schiene ist die Fort- und Weiterbildung, also sprich die Weiterentwicklung im Sinne eines lebenslangen Lernens. Das ist im Wohlfahrtsverband eben alles intern organisiert, also d. h. wir haben ein eigenes Institut, das für diese Bereiche zuständig ist und dadurch hat natürlich die Personalentwicklung einen sehr hohen Stellenwert."[280]

Strukturell investiert der Wohlfahrtsverband also sehr viel in die Aus- und Weiterbildung seiner Mitarbeiter. Diese Tatsache deckt sich mit der Einschätzung, dass die Personalentwicklung im Wohlfahrtsverband einen „hohen Stellenwert" hat. Hinzu kommt, dass das Mitarbeitergespräch im Wohlfahrtsverband ausnahmslos in allen Bereichen mit allen Mitarbeitern geführt wird.[281]

Auf die Frage, welchen Stellenwert die Personalentwicklung im Medienunternehmen hat, antwortete die Personalentwicklerin differenziert: „Tatsächlich kann ich die Frage erst einmal mit ‚unterschiedlich' beantworten oder muss sie mit ‚unterschiedlich' beantworten, aufgrund der Vielfältigkeit an Unternehmen."[282] Hier ist die Besonderheit gegeben, dass zum Gesamtkonzern viele verschiedene Unternehmen gehören: „Jeder Bereich hat eine andere Historie, funktioniert anders, ist vielleicht in einem anderen Markt unterwegs, ist jünger oder gewachsener."[283] Dennoch spielt das Thema Personalentwicklung im Unternehmen im Ganzen eine Rolle: „Im Gesamtkonzern gibt es eine Personalentwicklung mit einem starken „Corporate"-Verständnis. Diese Funktion sitzt sehr nahe am Vorstand, was ihr damit allein schon einen höheren Stellenwert gibt."[284] Trotzdem liegt es immer noch im Ermessen des jeweiligen Geschäftsführers, welchen Stellenwert er der Personalentwicklung zuschreibt.[285] Grundsätzlich ist das Mitarbeitergespräch als Instrument der PE etabliert, „[a]llerdings gibt es tatsächlich Bereiche, in denen das noch nicht

---

[277] Interview Wohlfahrtsverband, VII, Z. 25.
[278] Ebd., Z. 26f.
[279] Ebd., Z. 28.
[280] Ebd., Z. 30-33.
[281] Vgl. ebd., IX, Z. 21.
[282] Interview Medienunternehmen, XIII, Z. 17f.
[283] Ebd., Z. 20f.
[284] Ebd., Z. 21-23.
[285] Vgl. ebd., Z. 25f.

hundert Prozent umgesetzt ist."[286] Gleichwohl findet auch im Medienunternehmen in allen Geschäftsbereichen, in denen das Mitarbeitergespräch Anwendung findet, ein Gespräch mit allen Mitarbeitern statt.[287]

Sowohl in Diözese, Wohlfahrtsverband als auch im Medienunternehmen wird der Personalentwicklung im Blick auf das „Gesamtunternehmen" ein hoher Stellenwert zugeschrieben. Der Wohlfahrtsverband setzt die Personalentwicklung in Form des Mitarbeitergesprächs konsequent in allen Bereichen um und ist auch strukturell ganz auf die Aus- und Weiterbildung seiner Mitarbeiter eingestellt. In der Diözese hingegen wird die Personalentwicklung einerseits zwar sehr ernst genommen, andererseits findet das Mitarbeitergespräch in der Territorialseelsorge noch kaum Anwendung, weil das Instrument freiwillig und dessen Einsatz im Ermessen der Führungskraft, d. h. des jeweiligen Pfarrers, liegt. Auch im Medienunternehmen ist das Mitarbeitergespräch noch nicht in allen Bereichen etabliert, auch wenn es grundsätzlich Anwendung findet. In den Bereichen, in denen das Mitarbeitergespräch eingesetzt wird, wird sowohl in der Diözese als auch im Wohlfahrtsverband und im Medienunternehmen mit allen Mitarbeitern gesprochen.

Der hohe Stellenwert, der Personalentwicklung im Allgemeinen zugeschrieben wird, schlägt sich folglich in Diözese und Medienunternehmen noch nicht gänzlich in der Umsetzung nieder. Dabei scheint die Beobachtung der Personalentwicklerin des Medienunternehmens, dass die Umsetzung der PE immer auch an konkreten Personen in Verantwortung hängt, eine wichtige Rolle zu spielen. Denn auch in der Diözese sind die Voraussetzungen für die Durchführung eines Mitarbeitergesprächs als Instrument der PE grundsätzlich gegeben. Trotzdem erreicht das Mitarbeitergespräch im Bereich der Territorialseelsorge im Gegensatz zur Verwaltung oder der Kategorialseelsorge einen wesentlich niedrigeren Umsetzungsgrad, weil die Durchführung in der Verantwortung der Führungskraft liegt. Auch für die Territorialseelsorge der Diözese lässt sich festhalten, dass die Umsetzung der PE mit einzelnen Personen steht und fällt.

### 4.5.5 Kompetenzmanagement und Entwicklungsmaßnahmen

Die Frage nach dem Kompetenzmanagement der Unternehmen bzw. der Diözese war eine zentrale Frage innerhalb der Interviews. Mit ihr sollte untersucht werden, was jeweils unter dem Begriff „Kompetenzen" verstanden wird, ob es bestimmte Schlüsselkompetenzen gibt, wie die Kompetenzen der Mitarbeiter ermittelt werden und wie in der Praxis daraus Entwicklungsmaßnahmen abgeleitet werden.

Für die Diözese lässt sich eine klare Orientierung der Personalentwicklung an den Kompetenzen ihrer Mitarbeiter festhalten. Auf die Frage, ob der Kompetenzbegriff innerhalb der Diözese eine

---

[286] Vgl. Interview Medienunternehmen, XIV, Z. 6f.
[287] Vgl. ebd., Z. 30.

Rolle spielt, antwortete der Abteilungsleiter für strategische Personalentwicklung folgendermaßen:

> „Ja, also wir haben 2010 begonnen ein Kompetenzmanagement aufzubauen und haben erst einmal als Herzstück ein Kompetenzmodell entwickelt mit diesen klassischen vier Säulen: personale, soziale, fachliche und anwendungsorientierte Kompetenz. Hier haben wir ein wenig auf Kirche hin umgesprochen und nennen das ‚Ding‘ dann auch in der Kirchensprache unseren ‚Kompetenzkanon‘. Da gehören insgesamt 24 Teilkompetenzen dazu."[288]

Der „Kompetenzkanon" entspricht gewissermaßen den Schlüsselkompetenzen der Diözese. Auf dessen Basis werden vor allen Dingen in der Ausbildung wichtige Entscheidungen bis hin zur Zulassung von Priesteramtskandidaten zur Weihe getroffen.[289] Eine Auswahl an Kompetenzen aus dem „Kompetenzkanon" bildet aber ebenso eine Gesprächsgrundlage für das Mitarbeitergespräch. Durch Fremd- und Selbsteinschätzung anhand dieser Auswahl werden die Kompetenzen des Mitarbeiters erörtert.[290] Auf die Frage, wie aus dem Gespräch zwischen Führungskraft und Mitarbeiter über dessen (erwünschte) Kompetenzen Entwicklungsmaßnahmen abgeleitet werden, antwortete der Abteilungsleiter für strategische Personalentwicklung zögernd: „Das ist eine gute Frage, weil wir da einfach im Moment auch sehr im Umbruch sind."[291] Konkret geht es um eine stärkere Einbeziehung in und einen größeren Einfluss der Führungskraft bei der Auswahl geeigneter Entwicklungsmaßnahmen des Mitarbeiters. Dies ist bis dato in der Diözese noch nicht der Fall: „[B]islang war die Fortbildung bei uns ja so aufgebaut, dass der einzelne Mitarbeiter sich aus unserem Fortbildungsprogramm die Dinge raussucht, von denen er glaubt, dass er sie brauchen kann oder sie ihm vielleicht Spaß machen oder er sich in diese Richtung erweitern möchte."[292] Der Mitarbeiter konnte also bislang relativ selbständig entscheiden, welche Maßnahmen er für richtig hält. Damit „atmet" die Diözese aber gewissermaßen nur auf einem Lungenflügel. Wird auch die Organisationsentwicklung berücksichtigt, dann kann die Entscheidung über geeignete Entwicklungsmaßnahmen nicht mehr allein beim Mitarbeiter liegen. Der Abteilungsleiter spricht gar von einem „Kulturwandel"[293], der in die Diözese Einzug halten muss. Die Zukunft der Personalentwicklung der Diözese sieht er darin, dass die Führungskraft, was die Auswahl von Entwicklungsmaßnahmen der Mitarbeiter angeht, ein stärkeres Mitspracherecht haben wird.[294] In der Umsetzung der Entwicklungsmaßnahmen hingegen scheint zunächst wenig Änderungsbedarf zu bestehen. Hier ist die Diözese jedenfalls sehr breit aufgestellt und arbeitet

---

[288] Interview Diözese, IV, Z. 33 – V, Z. 1.
[289] Vgl. ebd., V, Z. 4-7.
[290] Vgl. ebd., Z. 7-13.
[291] Ebd., Z. 24.
[292] Ebd., V, Z. 36 – VI, Z. 2.
[293] Ebd., VI, Z. 8.
[294] Vgl. ebd., Z. 2-6.

auch jetzt schon mit „externen Referenten", „Beratungsunternehmen" und „externen Partnern" zusammen.[295]

Der Wohlfahrtsverband hat keine Schlüsselkompetenzen definiert. Dies liegt laut dem Bereichsleiter für Weiterbildung daran, dass der Wohlfahrtsverband eine „Vielfalt [...] von unterschiedlichsten Berufen"[296] hat. Dennoch lassen sich auch für den Wohlfahrtsverband bestimmte Kompetenzen festhalten, die in allen Berufsgruppen gleichermaßen von Bedeutung sind: „Aber was für uns natürlich immer wichtig ist, und das zieht sich schon ein bisschen wie ein roter Faden durch, das ist so etwas wie Teamfähigkeit, lösungsorientiertes Arbeiten, gemeinsam einen Weg zu gehen, Konfliktfähigkeit."[297] Daneben ist dem Wohlfahrtsverband auch eine bestimmte Wertehaltung seiner Mitarbeiter wichtig: „Zum Beispiel, was katholische Soziallehre anbelangt, die Einstellung zu Subsidiarität, Solidarität und Personalität spielen bei uns sicher auch eine Rolle in der Haltung, wie ich da die Sachen auch angehe."[298] Das Erstellen der Entwicklungsmaßnahmen des Wohlfahrtsverbands ist sehr stark an Zielen ausgerichtet. Dazu zählen zum einen die strategischen Unternehmensziele und zum anderen die Zielvereinbarungen, die in den Mitarbeitergesprächen getroffen wurden.[299] Anhand dieser Ziele erstellt der Wohlfahrtsverband dann ein

> „umfangreiches Weiterbildungsprogramm [...] Von fachbezogenen Themen der sozialen Arbeit, Kindertagesstätten über EDV-Seminare, im administrativen Bereich, Verwaltungsbereich, im Pflegebereich, das ist ein sehr großer Bereich bei uns, bis hin natürlich zur Führungskräfteentwicklung, wo wir da Akzente setzen und genau diese Angebote für und in das Unternehmen einbringen, die wiederum aus Bedarfen uns gemeldet worden sind."[300]

Im Anschluss an die Entwicklungsmaßnahme wertet der Wohlfahrtsverband dann noch aus, ob die gewünschten Kompetenzen vermittelt werden konnten, „es findet Transfermanagement statt."[301] Dieser Kontrollmechanismus dient dazu, dass Maßnahmen im Zweifelsfall angepasst werden, um garantieren zu können, dass Kompetenzen tatsächlich auch vermittelt werden.

Das Medienunternehmen hat Schlüsselkompetenzen definiert, die für das Unternehmen eine besonders wichtige Stellung innehaben. Dazu zählen die Kompetenz des „unternehmerische[n] Handeln[s]", der „Umsetzungsorientierung", der „Integrationsfähigkeit" und des „digitale[n] Verständnis"[302]. Kompetenzen spielen auch im Mitarbeitergespräch eine Rolle und werden dort von Führungskraft und Mitarbeiter erörtert: „Im Mitarbeitergesprächsbogen sind gewisse

---

[295] Vgl. Interview Diözese, VI, Z. 19-30.
[296] Interview Wohlfahrtsverband, X, Z. 24f.
[297] Ebd., Z. 31-33.
[298] Ebd., XI, Z. 1f.
[299] Vgl. ebd., Z. 15-20.
[300] Ebd., Z. 23-28.
[301] Ebd., Z. 30.
[302] Interview Medienunternehmen, XV, Z. 33 – XVI, Z. 12.

Kompetenzen benannt als Gesprächsgrundlage, die dort auch detaillierter beschrieben sind."[303] Im Gegensatz zur Diözese und dem Wohlfahrtsverband, die lediglich das Mitarbeitergespräch zur Erfassung der Kompetenzen verwenden, kommen im Medienunternehmen in einzelnen Bereichen auch „potenzialdiagnostische Instrumente" zum Einsatz.[304] Entwicklungsmaßnahmen werden immer zwischen Führungskraft und Mitarbeiter vereinbart.[305] Ohne die ausdrückliche Zustimmung seiner Führungskraft kann ein Mitarbeiter keine Entwicklungsmaßnahme belegen.[306] Ähnlich wie die Diözese greift auch das Medienunternehmen für die Entwicklungsmaßnahmen auf externe Partner zurück, auf „verschieden[e] Agenturen, aber auch Trainer, Coaches, mit denen wir zum Teil meist schon viele Jahre zusammenarbeiten. Das sind also z.B. freie Trainer, die zu bestimmten Themen hier im Hause Maßnahmen anbieten."[307] Gleichzeitig gibt es aber auch noch interne Weiterbildungsmaßnahmen, bei denen Mitarbeiter die Rolle des Referenten einnehmen und fach- und bereichsspezifische Kenntnisse an Kollegen vermitteln: „Dabei geht es darum, dass eigene Wissen den anderen Unternehmensbereichen zur Verfügung zu stellen. [...] Dahinter steht besonders der Netzwerkgedanke. Das Thema ‚Netzwerken' greift wieder das Verständnis auf, dass der Mensch im Zentrum unserer Aktivitäten steht."[308]

Im Kompetenzmanagement setzen Diözese, Wohlfahrtsverband und Medienunternehmen jeweils unterschiedliche Schwerpunkte. Die Diözese hat einen umfassenden Kompetenzkatalog erarbeitet, der in der Ausbildungsphase eine wichtige Rolle spielt, aber auch teilweise als Grundlage für die Mitarbeitergespräche verwendet wird. Die Entscheidung über die Art der Entwicklungsmaßnahmen liegt noch hauptsächlich bei dem Mitarbeiter, der die Maßnahme belegt. Die Führungskraft und damit auch die Perspektive der Diözese findet noch zu wenig Berücksichtigung. Der Wohlfahrtsverband hat zwar keine Schlüsselkompetenzen definiert, orientiert sich dafür in der Konzeption der Entwicklungsmaßnahmen jedoch ganz stark an Zielvorgaben. Gleichzeitig ist ein Transfermanagement, gewissermaßen als Qualitätskontrolle eingerichtet, das darauf achtet, dass die gewünschten Kompetenzen auch tatsächlich mit den durchgeführten Maßnahmen erlangt werden. Das Medienunternehmen wiederum hat Schlüsselkompetenzen mit Blick auf das Gesamtunternehmen formuliert und wendet auch in bestimmten Bereichen zusätzlich zu den Mitarbeitergesprächen potenzialdiagnostische Instrumente an. Neben den regulären Weiterbildungsmaßnahmen können die Mitarbeiter auch noch von dem Fachwissen ihrer Kollegen profitieren. Das Medienunternehmen hat damit ein doppeltes Weiterbildungssystem etabliert. Die Unterschiede im Kompetenzmanagement lassen sich nicht durch die verschiedenen „Handlungsfelder" erklären, in denen Diözese, Wohlfahrtsverband und Medienunternehmen agieren. Die unterschiedliche Akzentsetzung scheint

---

[303] Interview Medienunternehmen, XV, Z. 10-12.
[304] Vgl. ebd., XV, Z. 16-19.
[305] Vgl. ebd., XVI, Z. 18-21.
[306] Vgl. ebd., XVII, Z. 21f.
[307] Ebd., Z. 4-6.
[308] Ebd., XVI, Z. 30-34.

darauf hinzudeuten, dass die Personalentwicklung selbst in Diözese, Wohlfahrtsverband und Medienunternehmen noch Entwicklungspotenzial hat. Letztlich wäre es für jedes Unternehmen wünschenswert, wenn es die verschiedenen Akzentsetzungen in sich vereinen könnte.

## 4.5.6 Die unternehmerische Sicht auf den Mitarbeiter

Schließlich sollen die Interviews noch daraufhin untersucht werden, welche Sicht auf den Mitarbeiter im jeweiligen „Unternehmen" herrscht. Letztlich die Frage danach, ob sich die Kirche im Umgang mit ihren Mitarbeitern von Wirtschaftsunternehmen unterscheidet.

Alle drei Interviewpartner wurden gebeten, den folgenden Satz zu vervollständigen: „Wir versuchen unsere Mitarbeiter in ihrer persönlichen und beruflichen Entwicklung zu unterstützen, weil..."[309] Die Personalentwicklerin des Medienunternehmens formulierte daraufhin sehr prägnant: „... unsere Mitarbeiter unseren Unternehmenserfolg ausmachen."[310] Der Bereichsleiter für Weiterbildung des Wohlfahrtsverbandes machte einen doppelten Grund aus. Zum einen soll den Mitarbeitern ermöglicht werden, ihre Beschäftigungsfähigkeit zu erhalten, zum anderen erhält die PE das Unternehmen am Markt konkurrenzfähig.[311] Der Abteilungsleiter für strategische Personalentwicklung der Diözese vervollständigte den Satz wie folgt:

> „... weil wir ernst nehmen, dass Menschen sehr unterschiedlich sind und weil wir die Aufgabe haben, sie in ihren Stärken und Talenten zu fördern und wissen, dass das sehr viel zur Berufszufriedenheit und zu ihrer Motivation beiträgt und letztlich auch zu ihrer Gesundheit."[312]

Scheinen die Aussagen der drei Interviewpartner auf den ersten Blick sehr unterschiedlich zu sein, steckt doch jeweils auch eine bestimmte Unternehmensperspektive dahinter. Im Fall des Medienunternehmens ist diese Perspektive ganz klar formuliert. Die Mitarbeiter sind eine „Ressource" für den Unternehmenserfolg und müssen deswegen möglichst gut „genutzt" und in ihren Kompetenzen gestärkt werden. Beim Wohlfahrtsverband spielt ebenfalls der Unternehmenserfolg eine Rolle, wenn es darum geht durch die PE das Unternehmen möglichst konkurrenzfähig am Markt zu erhalten. Gleichzeitig kommt hier noch die Perspektive des Mitarbeiters hinzu, der sich durch die Entwicklungsmaßnahmen selbst auf dem Arbeitsmarkt attraktiv machen kann. Auf den ersten Blick scheint sich in der Aussage des Abteilungsleiters für strategische Personalentwicklung der Diözese lediglich die Mitarbeiterperspektive widerzuspiegeln. „Motivation", „Berufszufriedenheit" und „Gesundheit" der Mitarbeiter sind jedoch nicht nur im Interesse des jeweiligen Mitarbeiters, sondern auch der Diözese, weil motivierte, zufriedene und gesunde Mitarbeiter letztlich mehr leisten können.

---

[309] Vgl. dazu im Anhang 7.1 „Fragenkatalog halbstrukturiertes Leitfadeninterview".
[310] Interview Medienunternehmen, XIII, Z. 32.
[311] Vgl. Interview Wohlfahrtsverband, VIII, Z. 11-15.
[312] Interview Diözese, III, Z. 28-30.

Trotzdem wird in der Diözese auch der individuelle Mensch in den Blick genommen. Was das jedoch konkret an Handlungsoptionen für die Diözese bedeuten kann, bleibt an dieser Stelle offen.

### 4.5.7 Fazit

Große Überraschungen ergab der Vergleich der Interviews mit Diözese, Wohlfahrtsverband und Medienunternehmen nicht. Die Unterschiede in der Art, wie Kompetenzmanagement und Mitarbeitergespräch jeweils ausgestaltet sind, sind eher marginal und im Sinne von Akzentverschiebungen zu verstehen. Festzuhalten bleibt, dass sowohl Diözese als auch Wohlfahrtsverband und Medienunternehmen zumindest in verschiedenen Bereichen der Personalentwicklung einen hohen Stellenwert zuerkennen. Überall ist ein Mitarbeitergespräch etabliert, das auch die Kompetenzen der Mitarbeiter erfragt. Die Diözese zeichnet sich insbesondere durch ihre „Werteorientierung" und den Blick auf den Mitarbeiter als Individuum aus. Auch der „Kompetenzkanon" als ausführliche Reflektion der für die Diözese relevanten Kompetenzen stellt in diesem Vergleich ein Alleinstellungsmerkmal dar. Ein großes Manko besteht allerdings darin, dass das Mitarbeitergespräch, das in der Diözese generell viel Lob und Zuspruch erfährt, gerade im Kernbereich, der Territorialseelsorge, kaum Anwendung findet, weil dessen Einsatz dort auf Freiwilligkeit beruht. Wenn die Diözese dem Mitarbeitergespräch als zentralem Instrument der PE tatsächlich einen solch hohen Stellenwert einräumt, dann müsste sie es auch im Bereich der territorialen Seelsorge verpflichtend einführen. Gleichzeitig räumte der Abteilungsleiter für strategische Personalentwicklung selbstkritisch ein, dass die Mitarbeiter momentan noch „zu frei" in der Wahl ihrer Entwicklungsmaßnahmen sind. Diese Freiheit ist nur scheinbar ein Zugewinn für die Mitarbeiter, arbeitet sie doch gegen eine strategische Personalentwicklung und damit letztlich auch gegen die optimale Entwicklung der Mitarbeiter.

Im Vergleich mit der Personalentwicklung des Wohlfahrtsverbands und des Medienunternehmens könnte die kirchliche PE in der Diözese einige Anregungen bekommen. Die starke Orientierung der Entwicklungsmaßnahmen an den (Unternehmens-)Zielen und ein ausführliches Transfermanagement als Qualitätskontrolle der Entwicklungsmaßnahmen könnte sie vom Wohlfahrtsverband lernen. Das Medienunternehmen setzt neben dem Mitarbeitergespräch auch noch potenzialdiagnostische Instrumente ein und hat eine Art „doppelte PE" etabliert, bei der die Kollegen gegenseitig von ihrem Fachwissen profitieren. Auch dies wäre für eine kirchliche Personalentwicklung vorstellbar.

Die Analyse und der Vergleich der drei Interviews zeigt: Die kirchliche Personalentwicklung am Beispiel der untersuchten Diözese steht in der Theorie, was ihre Professionalität angeht, nicht hinter Wohlfahrtsverband und Medienunternehmen zurück. In der Umsetzung hingegen bleibt sie hinter ihrem eigenen Anspruch zurück. Hier ist ein flächendeckender Einsatz des Mitarbeitergesprächs nicht nur wünschenswert, sondern auch vor dem Selbstanspruch, dass der Mitarbeiter als Individuum behandelt wird, geboten.

# 5 Strategische Personalentwicklung in der katholischen Kirche: Quo vadis?

„Was ist Personalentwicklung und wie geht das mit der Kirche zusammen?", so lautete die eingangs erwähnte Frage der Kommilitonen. Um was es sich bei der Personalentwicklung handelt, konnte eine Begriffsklärung und ein Blick in deren kurze aber bereits ereignisreichen Geschichte seit den 1980er Jahren zeigen. Auf die Frage, wie die Personalentwicklung mit der Kirche zusammengeht, lässt sich im Hinblick auf die genannten theologischen und anthropologischen Gründe sagen, dass PE und Kirche sehr gut zusammenpassen. Ja, vielmehr noch, dass Kirche als „pastorales Unternehmen" Personalentwicklung betreiben muss. Dass es einer strategischen Personalentwicklung in der Kirche allerdings nicht um die Erhaltung der Kirche in ihren organisatorischen Strukturen, sondern immer nur um die Verkündigung des Evangeliums gehen kann, ist ebenso deutlich geworden. In diesem Sinne sind kirchliche Mitarbeiter dann tatsächlich wie in aktuellen Personalmanagementtheorien verstanden „Mitunternehmer", weil sie daran „mitunternehmen", das Evangelium zu verkünden und so ihren Beitrag am Aufbau des Reiches Gottes leisten. Insofern darf die Kirche sich von der Personalentwicklung durchaus auch eine Leistungssteigerung ihrer Mitarbeiter erhoffen, dient diese schließlich auch der Verbreitung des Evangeliums. Gleichzeitig muss sie sich aber auch immer zum Anwalt ihrer Mitarbeiter machen und fragen, was diese brauchen, um ihr Potenzial voll und ganz ausschöpfen zu können.

Trotzdem darf kirchliche Personalentwicklung auch auf Effizienz aus sein. Dabei kann es nicht darum gehen, pures Leistungsdenken in die Kirche zu implementieren und folglich Leistungsdruck aufzubauen. Dennoch braucht Kirche, brauchen die Diözesen Strategien, mit konkreten, im Idealfall „SMART" formulierten Zielen, deren Einhaltung sich einfach überprüfen lassen. Als strategisches Ziel auszugeben, dass die Diözese „missionarisch" handeln will, ist zu wenig. Wenn die Diözese jedoch vorgibt, in fünf Jahren die Zahl derer, die in die Kirche (wieder)eintreten um 50% steigern zu wollen, dann wissen die Mitarbeiter auf was sie konkret hinarbeiten sollen und können konkrete Angebote machen. Sicherlich kann das nicht heißen, pastorales Handeln nur von Zahlen abhängig zu machen. Aber um ein Bild zu verwenden: Ein Schiff ohne Ziel wird nur von den Wellen hin und her geworfen, wohingegen in einem Schiff mit Ziel die ganze Besatzung ihre Kräfte einsetzen wird, um zu dem gewünschten Ziel zu kommen. Konkrete Ziele in der kirchlichen Arbeit sollten als motivationaler Faktor nicht unterschätzt werden. Organisations- und Personalentwicklung gehen dann Hand in Hand und die Kirche kann mit beiden Lungenflügeln vollen Atem schöpfen. Eine Steigerung der Effizienz kirchlichen Handelns ist letztlich auch vor dem Hintergrund der drastisch sinkenden Zahl der Studienanfänger im Fach „katholische Theologie" geboten. Es deutet alles daraufhin, dass der Kirche zukünftig deutlich weniger Mitarbeiter in der Pastoral zur Verfügung stehen werden. Deswegen scheint es auch vor dem gleichzeitig zu erwartenden Rückgang der Kirchensteuereinnahmen in der Zukunft sinnvoll, dass die Diözesen jetzt, da noch finanzielle Mittel zur Verfügung stehen, weiter in den strukturellen Aufbau einer strategischen Personalentwicklung und dann vor allem auch ganz konkret in die Entwicklung ihrer Mitarbeiter als wertvollste Ressource investieren.

Für die strategische Personalentwicklung der untersuchten Diözesen lassen sich aufgrund der Analyse der kirchlichen Mitarbeitergesprächsleitfäden und des Vergleichs der Interviews folgende Ergebnisse festhalten:

Die strategische Personalentwicklung ist bereits in der katholischen Kirche angekommen, auch wenn das Bewusstsein dafür stellenweise noch fehlt. Diesen Eindruck kann man gewinnen, wenn man sich die untersuchten Mitarbeitergesprächsleitfäden oder das Kompetenzmanagement der interviewten Diözese anschaut. Vieles, was in der Betriebswirtschaftslehre erarbeitet wurde und seit den 1980er Jahren in den Unternehmen Anwendung findet, findet sich mittlerweile auch im Bereich der Kirche. Zumindest in der Theorie. Die Ordinariate haben im Bereich der Personalentwicklung soweit ihre Hausaufgaben gemacht. Personalentwicklungskonzepte bzw. Instrumente der PE wurden teilweise mit großer Professionalität rezipiert. Die untersuchten Mitarbeitergesprächsleitfäden ließen sich ohne größere Schwierigkeiten in anderen Unternehmen einsetzen. Dennoch bleibt der Eindruck, dass die strategische Personalentwicklung in der katholischen Kirche noch in den Kinderschuhen steckt. Vielfach handelt man in der Kirche sehr inkonsequent. Einerseits wird das Mitarbeitergespräch in der interviewten Diözese als zentrales Instrument der Personalentwicklung herausgestellt und gelobt, andererseits basiert dessen Einsatz gerade in der Territorialseelsorge auf Freiwilligkeit. Das erscheint geradezu paradox. Der Einsatz dieses vielgelobten Instruments wird der Führungskraft, d. h. dem jeweiligen Pfarrer, überlassen. Hat dieser bislang noch wenig bis keine Erfahrung mit dem Mitarbeitergespräch, ist es eher unwahrscheinlich, dass er es von sich aus in seinem Zuständigkeitsbereich verbindlich einführt. Es braucht ein Bewusstsein dafür, dass das Mitarbeitergespräch sinnvoll und für die Zukunft kirchlicher Personalarbeit unerlässlich ist. Dieses Bewusstsein bei Führungskraft und Mitarbeiter lässt sich allerdings erst in der Praxis der geführten Gespräche gewinnen. Hier wären für den Anfang verbindliche Vorgaben der Diözesanleitung sicher hilfreich. Ist das Mitarbeitergespräch dann erst einmal etabliert, ließe sich unter Umständen auch der Einsatz anderer potenzialdiagnostischer Instrumente bzw. die systematische Überprüfung des Lernerfolgs aus der Praxis anderer Unternehmen abschauen.

Nach wie vor scheint jedoch eine Skepsis gegenüber der Personalentwicklung zu herrschen. Aufseiten der Kirche tut man sich schwer damit, Begriffe aus der Betriebswirtschaftslehre zu übernehmen. Anscheinend steht im Hintergrund die Angst, dass Wirtschafts- und Leistungsdenken in die Kirche Einzug halten könnten. Kirchliche Personalentwicklung wird aber nicht dadurch besser, dass nach Möglichkeit „frömmere" Begriffe, wie z. B. „Charisma" statt

„Kompetenz", verwendet und PE so gewissermaßen „getauft" wird. Dies führt im schlimmsten Fall dazu, dass theologische Fachtermini verwässert werden und bringt keinen Mehrwert. Wenn man in der Kirche also von „Kompetenzen" spricht, sollte man sie auch „Kompetenzen" nennen. Will man dennoch zeigen, dass Personalentwicklung in der Kirche anders funktionieren kann als in einem Wirtschaftsunternehmen, dann muss sich Kirche durch Inhalte und nicht durch Begriffsspielereien absetzen. Kirche hat mit dem Evangelium im Rücken per se einen anderen Blick auf ihre Mitarbeiter als es jedes andere Unternehmen haben kann. Dies scheint sich aber in der Praxis kirchlicher Personalentwicklung bislang noch nicht durchgesetzt zu haben. Kirchliche Personalentwicklung scheint bislang kein eigenes Profil und keine eigenen Schwerpunkte zu besitzen. Vielleicht war man bislang zu sehr damit beschäftigt, die Vorgaben aus der betriebswirtschaftlichen Literatur möglichst genau umzusetzen, ohne sich Gedanken zu machen, was die Kirche an Eigenheiten mitbringt. Im Mitarbeitergesprächsleitfaden der Diözese Münster ist der Anspruch formuliert, eine Personalentwicklung zu betreiben, die im klaren Kontrast zur PE der Wirtschaftsunternehmen steht, indem sie die Mitarbeiter als Individuen in den Blick nimmt. Dieser Anspruch scheint allerdings eine anachronistische Sicht auf die PE vieler Unternehmen zu haben, die auf die Bedürfnisse ihrer Mitarbeiter als individuelle Personen sehr gezielt eingehen, bedeutet das nämlich für das entsprechende Unternehmen eine größere Attraktivität als Arbeitgeber. Gleichzeitig lässt sich in den untersuchten Materialien kaum erkennen, wie die Kirche als Arbeitgeber auf die Individualität ihrer Mitarbeiter eingeht. Fragen zu besonderen Situationen, in denen die Mitarbeiter sich gerade befinden, waren nur im Mitarbeitergesprächsleitfaden des Erzbistums Bamberg im Bezug auf die familiäre Situation angedeutet. Hier könnte Kirche ein deutlicheres Profil gewinnen und sich auf dem Arbeitsmarkt als attraktiver Arbeitgeber positionieren.

Letztlich genügt es nicht, der strategischen Personalentwicklung in der Kirche einen hohen Stellenwert zuzuschreiben. Und es reicht auch nicht aus, dass – wie es in der kirchlichen Praxis häufig der Fall ist – Konzepte überlegt und diese in Hochglanzbroschüren abgedruckt werden. Personalentwicklung muss in der Kirche gelebt werden. Nur dann kann sie das pastorale Handeln unterstützen und bringt sowohl der Kirche als Organisation als auch jedem einzelnen Mitarbeiter einen Mehrwert.

Ziel dieser Untersuchung war es, die Praxis der strategischen Personalentwicklung und des Kompetenzmanagements, wie es zum Teil bereits in der Kirche umgesetzt wird, theoretisch zu reflektieren. An den Schluss dieser Untersuchung sollen nun aus den gewonnen Erkenntnissen thesenartig sieben Handlungsempfehlungen an die strategische Personalentwicklung in der Kirche gestellt werden:

1) Strategische Personalentwicklung in der Kirche muss auf Verbindlichkeit setzen.

2) Auch für die Pastoral sollte die Kirche konkrete, „SMARTE" Ziele formulieren. Der motivationale Faktor kann dabei nicht hoch genug eingeschätzt werden.

3) Das Menschenbild der Kirche muss deutlicher zum Ausdruck kommen, z. B. im Umgang mit der Individualität ihrer Mitarbeiter.

4) In der kirchlichen Personalentwicklung sollte keine Angst vor betriebswirtschaftlichen Begriffen herrschen. Theologische Termini sollten nicht zweckentfremdet werden.

5) Kirche sollte finanziell in den strukturellen Ausbau der Personalentwicklung und in ihre Mitarbeiter als wichtigste Ressource pastoralen Handelns investieren.

6) Kirchliche Personalentwicklung braucht keine Hochglanzbroschüren. Sie muss gelebt werden.

7) Letztes Ziel kann nicht der Erhalt von Strukturen, sondern immer nur die Verkündigung des Evangeliums sein.

# 6 Literaturverzeichnis

Alle Abkürzungen richten sich nach: LThK³ XI (2001) *692-*746.

## I. Biblische Quellen und kirchliche Dokumente

### Die Bibel

Alle Bibelstellen werden zitiert nach: Die Bibel. Einheitsübersetzung der Heiligen Schrift, herausgegeben im Auftrag der Bischöfe Deutschlands, Österreichs, der Schweiz, des Bischofs von Lüttich, des Bischofs von Bozen-Brixen. Für die Psalmen und das Neue Testament auch im Auftrag des Rates der Evangelischen Kirche in Deutschland und des Evangelischen Bibelwerks in der Bundesrepublik Deutschland, Stuttgart 1980.

### Dokumente des Zweiten Vatikanischen Konzils

Alle Dokumente des Konzils werden zitiert nach: Rahner, *Karl; Vorgrimler, Herbert*, Kleines Konzilskompendium. Sämtliche Texte des Zweiten Vatikanischen Konzils, Freiburg i. Br. 2008.

### Codex Iuris Canonici

Codex des kanonischen Rechts. Lateinisch-deutsche Ausgabe mit Sachverzeichnis. Im Auftrag der Deutschen Bischofskonferenz, der Österreichischen Bischofskonferenz, der Schweizer Bischofskonferenz, der Erzbischöfe von Luxemburg und von Straßburg sowie der Bischöfe von Bozen-Brixen, von Lüttich und Metz, Kevelaer ⁵2001.

## II. Verlautbarungen des Apostolischen Stuhls

*Johannes Paul II.*, Nachsynodales Apostolisches Schreiben 'Pastores dabo vobis' von Johannes Paul II. an die Bischöfe, Priester und Gläubigen über die Priesterausbildung im Kontext der Gegenwart (Verlautbarungen des Apostolischen Stuhls; 105), hg. vom Sekretariat der Deutschen Bischofskonferenz, Bonn 1992.

## III. Veröffentlichungen der Deutschen Bischofskonferenz

Deutsche Bischofskonferenz, Grundordnung des kirchlichen Dienstes im Rahmen kirchlicher Arbeitsverhältnisse (Die deutschen Bischöfe; 95A), hg. vom Sekretariat der Deutschen Bischofskonferenz, Bonn ⁴2015.

Deutsche Bischofskonferenz, Katholische Kirche in Deutschland. Zahlen und Fakten 2014/15 (Arbeitshilfen; 275), hg. vom Sekretariat der Deutschen Bischofskonferenz, Bonn 2015.

Deutsche Bischofskonferenz, Rahmenordnung für die Priesterbildung. Nach Überarbeitungen der Fassung vom 1. Dezember 1988 verabschiedet von der Vollversammlung der Deutschen Bischofskonferenz am 12. März 2003. Approbiert durch das Dekret der Kongregation für das Katholische Bildungswesen vom 5. Juni 2003 (Die deutschen Bischöfe; 73), hg. vom Sekretariat der Deutschen Bischofskonferenz, Bonn 2003.

Gemeinsame Synode der Bistümer in der Bundesrepublik Deutschland. Beschlüsse der Vollversammlung. Offizielle Gesamtausgabe. Bd. 1. Freiburg i. Br. 1976.

Sekretariat der Deutschen Bischofskonferenz, Statistiken-Berichtsheft-2016, in: http://kthf.de/wp-content/uploads/2016/02/Statistiken-Berichtsheft-2016.pdf (10.03.2016).

## IV. Mitarbeitergesprächsleitfäden

Erzbistum Bamberg, Das jährliche Mitarbeitergespräch im Erzbistum Bamberg. Leitfaden mit Anhang. Vordrucke, Leitfragen, Beispielfragen, in: http://personalentwicklung.kirche-bamberg.de/surf/proxy/alfresco-system/api/node/content/workspace/SpacesStore/7cf28fe4-f462-416f-975b-93527b6f62be/leitfaden.pdf?a=true (02.03.2016).

Bistum Magdeburg, Das Mitarbeiter-Gespräch. Leitfaden zur Einführung und Durchführung, erarbeitet von Dr. Valentin Dessoy, hg. von der Hauptabteilung Personal im Bischöflichen Ordinariat, in: http://www.bistum-magdeburg.de/upload/pzg/reorg_bim_0704_mitarbeitergespraech.pdf (02.03.2016).

Bischöfliches Generalvikariat Münster, Führen durch Ziele. Einführung in das strukturierte Mitarbeiterjahresgespräch (MaJG). Leitfaden, in: http://www.bistum-muenster.de/downloads/Seelsorge%20Personal/2009/Fuehren_durch_Ziele_Leitfaden_Pilotprojekt.pdf (02.03.2016).

## V. Sekundärliteratur

*Baumert, Norbert*, Charisma – Taufe – Geisttaufe. Band 1: Entflechtung einer semantischen Verwirrung, Würzburg 2001.

*Becker, Manfred*, Personalentwicklung. Bildung, Förderung und Organisationsentwicklung in Theorie und Praxis, Stuttgart [6]2013.

*Becker, Manfred*, Systematische Personalentwicklung. Planung, Steuerung und Kontrolle im Funktionszyklus, Stuttgart 2005.

*Belok, Manfred; Bischofberger, Pius*, Einführung: Zur ökonomischen und theologischen Perspektive des Kirche-Seins heute, in: Dies. (Hg.), Kirche als pastorales Unternehmen. Anstöße für die kirchliche Praxis (Forum Pastoral; 4), Zürich 2008, 12-30.

*Braig, Wilfried; Wille, Roland*, Mitarbeitergespräche. Gesprächsführung aus der Praxis für die Praxis, Zürich [9]2015, 131.

Der neue Georges. Ausführliches lateinisch-deutsches Handwörterbuch. Aus den Quellen zusammengetragen und mit besonderer Bezugnahme auf Synonymik und Antiquitäten unter Berücksichtigung der besten Hilfsmittel ausgearbeitet von Karl-Ernst Georges. Erster Band A-H, hg. von Thomas Baier, bearbeitet von Tobias Dänzer, Darmstadt 2013.

Der neue Georges. Ausführliches lateinisch-deutsches Handwörterbuch. Aus den Quellen zusammengetragen und mit besonderer Bezugnahme auf Synonymik und Antiquitäten unter Berücksichtigung der besten Hilfsmittel ausgearbeitet von Karl-Ernst Georges. Zweiter Band I-Z, hg. von Thomas Baier, bearbeitet von Tobias Dänzer, Darmstadt 2013.

*Ebertz, Michael N.*, Aufbruch in der Kirche. Anstöße für ein zukunftsfähiges Christentum, Freiburg i. Br. [2]2003.

*Fürst, Walter; Severin, Burkard*, Organisationsentwicklung – Überlebensstrategie für die Kirche?, in: PThI 20 (2000/1) 51-75.

*Gnahs*, Dieter, Kompetenzen – Erwerb, Erfassung, Instrumente (Studientexte für Erwachsenenbildung), Bielefeld 2010.

*Gosejacob, Birgit,* Potenziale erkennen. Entdecken Sie, was in Ihnen steckt, Freiburg 2013.

*Groß, Hermann-Josef; Russel, Yvonne,* Personalentwicklung und Veränderungsmanagement in der Kirche. Theoretische Überlegungen und Praxisbeispiele aus dem Bistum Trier, in: Dessoy, Valentin; Lames, Gundo (Hg.), „Denn sicher gibt es eine Zukunft" (Spr 23,18). Strategische Perspektiven kirchlicher Organisationsentwicklung, Trier 2008, 88-101.

*Heller, Andreas; Krobath, Thomas,* Kirchen verstehen und als Organisationen gestalten, in: Dies. (Hg.), OrganisationsEthik. Organisationsentwicklung in Kirchen, Caritas und Diakonie (Palliative Care und OrganisationsEthik; 7), Freiburg i. Br. 2003, 14-43.

*Hennecke, Christian,* Ist es möglich? Vom Wunder des kirchlichen Aufbruchs, Münster 2013.

*Hilberath, Bernd Jochen,* Corporate Identity für das Unternehmen Kirche, in: ThQ 180 (2000) 54-71.

*Karrer, Leo,* Kirche – ein Unternehmen? Anmerkungen zu einem Kongressthema, in: PThI 20 (2000/1) 12-16.

*Klug, Andreas,* Analyse des Personalentwicklungsbedarfs, in: Ryschka, Jurij; Solga, Marc; Mattenklott, Axel (Hg.), Praxishandbuch Personalentwicklung. Instrumente, Konzepte, Beispiele, Wiesbaden [3]2011, 35-92.

*Kruip, Gerhard,* Das Humankapital pflegen. Auch die Kirche bedarf dringend der Personalentwicklung, in: HerKorr 53 (1999) 245-249.

*Krumm, Stefan; Mertin, Inga; Dries, Christian,* Kompetenzmodelle (Praxis der Personalpsychologie; 27), Göttingen 2012.

*Lang, Karl,* Personalführung – Nicht nur reden, sondern leben! Methoden für eine erfolgreiche Kompetenz- und Potenzialentwicklung – mit praxiserprobten Instrumenten und Umsetzungsbeispielen, Wien [3]2009.

*Luft, Joseph,* Einführung in die Gruppendynamik (Texte zur Gruppendynamik), Stuttgart 1971.

*Mayer, Horst O.,* Interview und schriftliche Befragung. Entwicklung, Durchführung, Auswertung, München [5]2009.

*Meifert, Matthias T.,* Was ist strategisch an der strategischen Personalentwicklung?, in: Ders. (Hg.), Strategische Personalentwicklung. Ein Programm in acht Etappen, Wiesbaden [3]2013, 3-28.

*Mentzel, Wolfgang,* Personalentwicklung. Wie Sie Ihre Mitarbeiter fördern und weiterbilden, München [4]2012.

*Mentzel, Wolfgang,* Mitarbeitergespräche, Freiburg [6]2013.

*Nagel, Reinhart; Oswald, Margit; Wimmer, Rudolf,* Das Mitarbeitergespräch als Führungsinstrument. Ein Handbuch der OSB für Praktiker, Stuttgart 2008.

*Nethöfel, Wolfgang,* Unternehmen Kirche? Bedeutung und Perspektiven einer Begriffsbestimmung, in: Thomé, Martin (Hg.), Theorie Kirchenmanagement. Potentiale des Wandels. Analysen – Positionen – Ideen, Bonn 1998, 58-66.

*Pape, Wilhelm,* Griechisch-deutsches Handwörterbuch. Nachdruck der dritten Auflage, bearbeitet von M. Sengenbusch. Zweiter Band Λ-Ω. Graz 1954.

*Pfadenhauer, Michaela,* Auf gleicher Augenhöhe. Das Experteninterview – ein Gespräch zwischen Experte und Quasi-Experte, in: Bogner, Alexander; Littig, Beate; Menz, Wolfgang (Hg.), Experteninterviews. Theorien, Methoden, Anwendungsfelder, Wiesbaden [3]2009, 99-116.

*Proske, Hailka; Reiff, Eva,* Zielvereinbarungen und Jahresgespräche, Freiburg [2]2014.

*Roos, Klaus,* Mehr als Fortbildung … – von der Personal- zur Organisationsentwicklung, in: Heller, Andreas; Krobath, Thomas (Hg.), OrganisationsEthik. Organisationsentwicklung in Kirchen, Caritas und Diakonie (Palliative Care und OrganisationsEthik; 7), Freiburg i. Br. 2003, 226-236.

*Russel, Yvonne; Groß, Hermann-Josef,* Personalentwicklung im Bistum Trier: Ein Blick in die Werkstatt. Qualifizierungsmaßnahmen und Selbstlernprozesse unterstützen den Weg hin zu einer Lernenden Organisation, in: Brockmöller, Katrin (Hg.), Gott beim Wort genommen, Norderstedt 2007, 47-62.

*Saul, Siegmar,* Führen durch Kommunikation. Mitarbeitergespräche strukturiert, zukunftsorientiert und motivierend, Weinheim 2012.

*Schrappe, Christine,* Personalentwicklung, in: Dessoy, Valentin, Kirchenentwicklung (Gesellschaft und Kirche – Wandel gestalten; 4), Trier 2015, 179-191.

*Schrappe, Christine,* Personalentwicklung im Bereich Seelsorgepersonal. Ein Schlüsselinstrument zur Gestaltung einer zukunftsfähigen Kirche (Studien zur Theologie und Praxis der Seelsorge; 88), Würzburg 2012.

*Schuler, Heinz; Görlich, Yvonne,* Ermittlung erfolgsrelevanter Merkmale von Mitarbeitern durch Leistungs- und Potenzialbeurteilung, in: Sonntag, Karlheinz (Hg.), Personalentwicklung in Organisationen, Göttingen [3]2006, 235-269.

*Schwarz, Jutta,* Organisationsentwicklung – Theoretischer Hintergrund und Fragen aus kirchlicher Sicht, in: PThI 20 (2000/1) 42-50.

*Wien, Andreas; Franzke, Normen,* Systematische Personalentwicklung. 18 Strategien zur Implementierung eines erfolgreichen Personalentwicklungskonzepts, Wiesbaden 2013.

*Winkler, Brigitte; Hofbauer, Helmut,* Das Mitarbeitergespräch als Führungsinstrument. Handbuch für Führungskräfte und Personalverantwortliche, München [4]2010.

*Wollbold, Andreas,* Professionalisierung und Amateurisierung. Ihr schillerndes Verhältnis in der Seelsorge, in: Anzeiger für die Seelsorge 117 (2008/1) 15-18.

*Wunderer, Rolf; Kuhn, Thomas,* Unternehmerisches Personalmanagement – zentraler Ansatzpunkt zur Förderung unternehmerischen Verhaltens, in: Dies. (Hg.), Innovatives Personalmanagement. Theorie und Praxis unternehmerischer Personalarbeit, Neuwied 1995, 3-20.

**VI. Weitere Internetquellen**

Charisma, in: http://www.duden.de/rechtschreibung/Charisma (25.02.2016).

Der Strukturplan 2020, in: http://www.bistum-trier.de/bistum-bischof/unser-bistum/struktur2020/strukturplan-2020/ (19.02.2016).

Ehrenamtlicher Dienst im Bistum Hildesheim, in: http://www.informations.bistum-hildesheim.de/temp_116645446680168.pdf (24.02.2016).

Entdecken, in: http://ehrenamt.bistum-essen.de/ehrenamtskonzeption/entdecken/ (24.02.2016).

Http://erzdioezese.kirche-bamberg.de/bistum-allgemein/karte (10.03.2016).

Http://www.kairos-cct.de/ (14.10.2016).

OECD, Definition und Auswahl von Schlüsselkompetenzen. Zusammenfassung, in: https://www.oecd.org/pisa/35693281.pdf (28.02.2016).

Potenzial, in: http://www.duden.de/rechtschreibung/Potenzial (26.02.2016).

*Rothe, Martin*, Zulehner: „Die Zeit der Volkskirche ist vorbei!", in: https://www.evangelisch.de/inhalte/86871/22-07-2013/zulehner-die-zeit-der-volkskirche-ist-vorbei (18.02.2016).

# 7 Anhang

## 7.1 Fragenkatalog halbstrukturiertes Leitfadeninterview

1   Was zeichnet ihr „Unternehmen" in besonderer Weise aus?

2   Welchen Stellenwert hat die Personalentwicklung in Ihrem Unternehmen?

3   Vervollständigen Sie bitte folgenden Gedanken: Wir versuchen unsere Mitarbeiter in Ihrer persönlichen und beruflichen Entwicklung zu unterstützen, weil....

4   In welchem Modus finden Mitarbeitergespräche statt? In welchem Turnus? Gibt es nur ein Mitarbeitergespräch oder ist dieses gesplittet in Zielvereinbarungsgespräch, Fördergespräch, etc.?

5   Wer führt die Gespräche?

6   Gibt es einen Leitfaden für das Mitarbeitergespräch?

7   Führen Sie mit allen Mitarbeitern Entwicklungsgespräche? Oder wählen Sie gezielt Mitarbeiter aus, denen Sie ein Entwicklungspotenzial zutrauen (Leistungsträger)?

8   Wie ermitteln Sie Kompetenzen Ihrer Mitarbeiter? Findet dies im Mitarbeitergespräch durch Selbst-/Fremdeinschätzung statt? Gibt es noch andere Verfahren der Kompetenzanalyse bzw. Potenzialdiagnostik, die Sie verwenden?

9   Wenn ich in Ihrem Unternehmen arbeiten wollte, was für Kompetenzen sollte ich idealerweise mitbringen? Anders formuliert: Was würden Sie als Schlüsselkompetenzen für Ihr Unternehmen definieren?

10  Wie werden in der Regel Entwicklungsmaßnahmen aus den Erkenntnissen abgeleitet?

11  Gibt es für die Mitarbeiter auch die Möglichkeit gewissermaßen „unter dem Jahr" selbständig Entwicklungsbedarf bei Ihnen anzumelden?

12  Führen Sie die Entwicklungsmaßnahmen selbständig durch? Holen Sie sich auch externe Coaches? Arbeiten Sie mit Instituten zusammen?

## 7.2 Interview Abteilungsleiter für strategische Personalentwicklung in einer Diözese = „Interview Diözese" (vom Verfasser geführt am 18.03.2016)

1 Zunächst würde ich die Frage stellen wollen, was Ihr „Unternehmen", also Ihre Diözese in
2 besonderer Weise auszeichnet? Oder vielleicht die Frage, was die Diözese im Unterschied zu
3 einem „normalen" Unternehmen besonders macht?
4
5 Also was eine Diözese sozusagen als Kirche, als kirchliche Institution unterscheidet von anderen
6 Unternehmen, zum Beispiel von einem Wirtschaftsunternehmen?
7
8 **Zum Beispiel, ja.**
9
10 Oh Gott, ja. Das ist eine wahnsinnig umfassende Frage, weil ein Wirtschaftsunternehmen das muss
11 eine ganz bestimmte Rendite erzielen beispielsweise. Die müssen auch faktisch was erwirtschaften
12 und da muss eine schwarze Null oder vielmehr letztlich unter dem Strich rauskommen. Das ist ja
13 bei der Kirche gänzlich anders. Die hat auch einen Auftrag, aber die hat eine Sendung. Jetzt kann
14 man sagen: „Aber na ja, die Kirche hat auch Produkte, die Kirche hat auch Kunden." Das sind ja
15 durchaus Begriffe, die sich inzwischen auch so in unsere Diözese „verirrt" haben, aber die ich schon
16 interessant finde, sich mit ihnen auseinanderzusetzen. Auch als Kirche. Auch wenn man sagt: „Ja,
17 wir haben doch kein Produkt. Wir verkündigen doch." Aber ich finde es insofern ganz reizvoll, weil
18 man sagt: „Ja, aber was tust du denn den lieben langen Tag?" „Ja, ich mache Religionsunterricht,
19 ich mache das und das und das." „Jetzt stell dir vor, dass das ein Produkt ist." Und schon kommt
20 man mit bestimmten Fragen in Berührung: Was habe ich für eine Zielgruppe? Welche Bedürfnisse
21 hat die? Kenne ich diese Bedürfnisse? Nehme ich sie tatsächlich sozusagen bei dem, was ich dann
22 entwickle, vorbereite, ausdenke wirklich ernst? Ich finde diese Begriffe sind ambivalent. Auf der
23 einen Seite sind sie sicherlich sehr sperrig und auf der anderen Seite aber schon auch so, dass sie
24 mich noch einmal zwingen, mir über ganz bestimmte Dinge Rechenschaft abzulegen, von denen ich
25 glaube, dass sie notwendig sind für eine Pastoral von heute. So ein weiterer Unterschied für mich
26 ist schon dieser ganze Bereich der Werteorientierung. Also ich glaube auch, dass es viele
27 Unternehmen gibt, die darauf Wert legen inzwischen, weil sie wissen, dass es ein ganz zentraler
28 Beitrag natürlich auch für die Identifikation ihrer Mitarbeiter ist und für deren Arbeitsmotivation.
29 Das hat man inzwischen voll erkannt und dafür tun die – finde ich – zum Teil bedeutend mehr als
30 wir selber. Leider Gottes. Das ist aus meiner Sicht eher auch noch einmal so ein Schatz, den es zu
31 heben gilt. Dass wir, wenn wir nur ein Altes Testament oder ein Neues Testament aufschlagen, so
32 viel visions- und orientierungsgebende Weisung im biblischen Sinne haben, die wir aber – glaube
33 ich – als Institution noch viel zu wenig nutzen. Aber da haben wir einen Schatz. Das unterscheidet

1 uns von anderen Unternehmungen ohne Frage. Und, was ich auch finde, was uns unterscheidet in

2 meiner Wahrnehmung, dass die Menschen, die zur Kirche kommen und hier gerne arbeiten wollen,

3 die Erwartung an uns haben, dass das ein Thema ist und dass das eine Rolle spielt und dass das eine

4 Auswirkung hat auf die Kommunikation, auf den Umgang, auf Wertschätzung, etc. Und dass das

5 aus meiner Sicht durchaus in der Konkurrenz zu vielen anderen Unternehmen, in der wir heute als

6 Arbeitgeber Kirche stehen, ein ganz großer Vorteil ist. Dass wir diese Dinge eigentlich zur Verfügung

7 haben und ich glaube, wir müssen sie noch viel intensiver darstellen, kommunizieren und da sehe

8 ich dann wieder alles, was im Bereich von Personalmarketing erdacht wurde und erdacht wird auf

9 Wirtschaftsunternehmen hin, etwas wo wir als Kirche ganz viel lernen könnten, lernen können.

10

11 **Sie sagten eben bereits, dass sich schon bestimmte Begriffe aus dem „Wirtschaftssprech" in die**

12 **Kirche „verirrt" haben. Ein solches Thema, das seit einiger Zeit auch von Kirche wahrgenommen**

13 **wird, zumindest habe ich den Eindruck, ist das Thema der Personalentwicklung. Was würden Sie**

14 **sagen? Welchen Stellenwert hat Personalentwicklung in der Kirche heute?**

15

16 Also ich kann inzwischen einen Zeitraum überblicken von gut zehn Jahren, zu diesem Thema. Und

17 die Personalentwicklung ist ganz klar aus einem Schattendasein, also jetzt in unserem Bistum

18 Anfang der 2000er Jahre bis jetzt, ganz klar aus einem Schattendasein herausgetreten. Sie wird sehr

19 ernst genommen. Manchmal glaube ich sogar schon überschätzt, in dem was sie erreichen kann.

20 Und ist, also jetzt in unserer Diözese, strukturell und personell ganz signifikant gestärkt worden und

21 ausgebaut worden. Also insofern hat Personalentwicklung an Bedeutung, an Stellenwert in den

22 letzten zehn Jahren einen enormen Sprung gemacht.

23

24 **Ich würde jetzt einen Satz beginnen und würde Sie bitten, den zu vervollständigen. Der Satz**

25 **lautet: „Wir versuchen unsere Mitarbeiter in ihrer persönlichen und beruflichen Entwicklung zu**

26 **unterstützen, weil..."**

27

28 ...weil wir ernst nehmen, dass Menschen sehr unterschiedlich sind und weil wir die Aufgabe haben,

29 sie in ihren Stärken und Talenten zu fördern und wissen, dass das sehr viel zur Berufszufriedenheit

30 und zu ihrer Motivation beiträgt und letztlich auch zu ihrer Gesundheit. Auch das haben wir gerade

31 durch die „Seelsorgestudie" ganz klar erkannt.

32

33 **Ein großes Instrument der Personalentwicklung sind die Mitarbeitergespräche. Wie sieht das**

34 **denn in Ihrer Diözese aus? Finden Mitarbeitergespräche statt? Wenn ja, in welchem Modus oder**

35 **wie regelmäßig?**

36

1    Also in unserer Diözese finden Mitarbeitergespräche statt. Wir haben dieses Instrument seit 2009.

2    Es ist in der Verwaltung der Diözese ein verpflichtendes Führungsinstrument. Da erreichen wir nach

3    einer jüngsten Umfrage einen Umsetzungsgrad von über 90 %, was sehr erfreulich ist, aber noch

4    keine Qualitätsaussage ist. Und im Bereich der territorialen Seelsorge ist es ein Instrument, das

5    noch kaum umgesetzt wird in meiner Einschätzung. Es ist dort auch freiwillig, d. h. der Leiter einer

6    Seelsorgeeinheit entscheidet eigenverantwortlich, ob er dieses Instrument nutzen will. Im Bereich

7    der kategorialen Seelsorge haben wir ja sehr klare Führungsstrukturen und dort ist es auch ein

8    Standardinstrument in der Personalarbeit. War das die Frage?

9

10   **Ja.**

11

12   **Dort, wo es verpflichtend ist oder wo es auch verbindlich eingeführt ist, wird das**

13   **Mitarbeitergespräch da mit allen Mitarbeitern geführt? Oder beschränkt es sich nur auf „High**

14   **Potentials"?**

15

16   Das Mitarbeiterjahresgespräch wird grundsätzlich mit allen Mitarbeiterinnen und Mitarbeitern

17   geführt. Und da gibt es keinen Unterschied. Bei Personen, die geringfügig beschäftigt sind, d. h.

18   eine Wochenstundenzahl von vier, fünf Stunden haben, was es sehr häufig gibt, auch gerade in den

19   Pfarreien, sind die Vorgesetzten verpflichtet zu fragen: „Wie möchten Sie das? Oder wie händeln

20   wir das?" Weil jeder Mitarbeiter soll wissen, dass er die Möglichkeit hat, unabhängig von der

21   Stundenzahl, dass mit ihm Mitarbeiterjahresgespräch geführt wird. Das ist sehr, sehr wichtig, weil

22   es eben das zentrale und eines der wirksamsten Personalführungsinstrumente überhaupt ist, was

23   auch eine starke Rückwirkung hat auf den Vorgesetzten selbst und wie der seine Rolle ausübt. Der

24   lernt in diesem Mitarbeitergespräch auch sehr viel oder soll es zumindest, weil er beispielsweise

25   ein Feedback auf sein Leitungshandeln erfragen soll nach unserem Konzept.

26

27   **Innerhalb der Personalentwicklung spielt ja eben auch der Begriff der Kompetenzen eine**

28   **wesentliche Rolle. Wie ist es da? Wie stellen Sie denn Kompetenzen der Mitarbeiter fest? Wird**

29   **das – wie häufig ja der Fall ist – im Mitarbeitergespräch eben durch Fremd- und**

30   **Selbsteinschätzung gemacht? Oder gibt es da irgendwie noch besondere „Tools", die**

31   **Verwendung finden?**

32

33   Ja, also wir haben 2010 begonnen ein Kompetenzmanagement aufzubauen und haben erst einmal

34   als Herzstück ein Kompetenzmodell entwickelt mit diesen klassischen vier Säulen: personale,

35   soziale, fachliche und anwendungsorientierte Kompetenz. Hier haben wir ein wenig auf Kirche hin

36   umgesprochen und nennen das „Ding" dann auch in der Kirchensprache unseren

| 1 | „Kompetenzkanon". Da gehören insgesamt 24 Teilkompetenzen dazu. Und auf dieser Basis, die ja |
| 2 | sozusagen eine fluide Basis ist, weil wir dieses Instrument eigentlich regelmäßig gern überprüfen |
| 3 | wollen, weiterentwickeln wollen, also am Bedarf und an der strategischen Ausrichtung der Pastoral |
| 4 | orientiert. Aber auf dieser Basis finden beispielsweise Orientierungstage für Studierende statt, |
| 5 | findet über eine Fremd- und Selbsteinschätzung anhand dieser Kompetenzen die |
| 6 | Auswahlentscheidung zum Pastoralkurs statt oder ist es auch ein Element bei der Entscheidung |
| 7 | Zulassung von Priesteramtskandidaten zur Diakonatsweihe. Also zu unterschiedlichsten |
| 8 | Gelegenheiten nutzen wir unser Kompetenzmodell, auch im Rahmen des |
| 9 | Mitarbeiterjahresgesprächs. Da haben wir beispielsweise einen Profilbogen mit einer Auswahl aus |
| 10 | diesen 24 Kompetenzen. Und dann ist es so, wie Sie sagen: durch Selbst- und Fremdeinschätzung |
| 11 | geht erst einmal der Mitarbeiter bzw. der Vorgesetzte den Bogen durch und dann legen die das auf |
| 12 | den Tisch und unterhalten sich über die Abweichungen, sicherlich auch über die |
| 13 | Übereinstimmungen. Und auf der Basis soll es einfach ein qualifiziertes Feedback geben und auch |
| 14 | Impulse für Entwicklungsmaßnahmen. Und diese Dinge sind vor allem etabliert in der Ausbildungs- |
| 15 | und Berufseinführungsphase. Wenn die Leute dann tatsächlich im Beruf sind, dann bin ich wieder |
| 16 | bei dem Thema Freiwilligkeit. Das entscheidet der Pfarrer, ob es ein Mitarbeitergespräch gibt und |
| 17 | im Rahmen dessen dann beispielsweise auch so ein Profilbogen mit Selbst- und Fremdeinschätzung. |
| 18 | |
| 19 | **Sie sagten eben bereits, dass aufgrund des Gesprächs dann bestimmte Entwicklungsmaßnahmen** |
| 20 | **festgelegt werden können. Wie sieht das denn bei Ihnen aus? Wie bieten Sie dann Maßnahmen** |
| 21 | **an? Melden die Führungskräfte dann Bedarfe bei Ihnen an, was für Maßnahmen nötig wären?** |
| 22 | **Oder wie sieht die Umsetzung der Maßnahmen aus?** |
| 23 | |
| 24 | Das ist eine gute Frage, weil wir da einfach im Moment auch sehr im Umbruch sind. Wir beginnen |
| 25 | das auch einfach neu zu denken und das hat vor allen Dingen den Grund, dass wir in der Diözese |
| 26 | das Thema „Führung" einfach auch erkannt haben in den letzten Jahren. Gut, gezwungen jetzt auch |
| 27 | durch die größeren Seelsorgeeinheiten müssen sich Pfarrer noch einmal ganz anders mit ihrer |
| 28 | Leitungsrolle auseinandersetzen. Bis hin zu der Frage: „Will ich in der Situation überhaupt leiten? |
| 29 | Habe ich die Kompetenzen dazu, das zu tun?" Und auf dem Hintergrund stelle ich immer mehr fest, |
| 30 | gibt es Pfarrer, aber auch Vorgesetzte in der Verwaltung, die sagen: „Wenn ich meinen Mitarbeitern |
| 31 | Feedback gebe und wenn wir über Kompetenzen reden, dann möchte ich auch beteiligt sein, wenn |
| 32 | es darum geht, was ist jetzt die richtige Qualifizierungs- und Fortbildungsmaßnahme." Oder wenn |
| 33 | ich merke, ein Mitarbeiter in der Seelsorge am Krankenbett in der Klinikseelsorge erfüllt einfach |
| 34 | bestimmte Qualitätsstandards nicht, dann möchte ich als Vorgesetzter sagen können: „Ich möchte, |
| 35 | dass du jetzt einen KSA-Kurs besuchst oder ein Kommunikationstraining machst oder, oder, oder." |
| 36 | Und bislang war die Fortbildung bei uns ja so aufgebaut, dass der einzelne Mitarbeiter sich aus |

1 unserem Fortbildungsprogramm die Dinge raussucht, von denen er glaubt, dass er sie brauchen

2 kann oder sie ihm vielleicht Spaß machen oder er sich in diese Richtung erweitern möchte. Aber ich

3 glaube, die Entwicklung muss dahin gehen, wenn wir diese Selbst- und Fremdeinschätzung, das

4 Feedback ernst nehmen, dass auch der Vorgesetzte nochmal sehr viel mehr mitsteuert in diesem

5 Prozess, was ist dann die richtige Qualifizierung und das nicht mehr allein in der Hand des

6 Mitarbeiters sein kann. Dass das auch ein Thema dann in diesem Aushandeln ist bzw. der

7 Vorgesetzte mit seiner Unterschrift dann auch sagt: „Jawohl. Das ist es und dem stimme ich auch

8 so ausdrücklich zu." Auch geht es um einen Kulturwandel, der im Bewusstsein der Mitarbeiter

9 vermutlich auch wieder so autonomieeinschränkend wirken dürfte, weil ich erlebe, dass das

10 Bedürfnis oder überhaupt die Kultur der Kirche schon eine sehr autonomiebetonte Kultur ist. Und

11 an der Schraube drehen wir dann natürlich auch oder müssen wir dann auch in der Konsequenz

12 drehen.

13

14 **Eine letzte Frage stellt sich mir noch, nach der Art und Weise wie diese Entwicklungsmaßnahmen**

15 **durchgeführt werden. Leisten Sie die alle selber oder haben Sie da einen Partner, mit dem Sie**

16 **zusammenarbeiten oder über externe Coaches oder Trainer? Wie funktionieren diese**

17 **Maßnahmen dann konkret?**

18

19 Das ist genau in dem Spektrum, das Sie skizziert haben. Das Fort- und Weiterbildungsprogramm im

20 engeren Sinne entwickelt eine zuständige Abteilung mit ihren Fachleuten, die dann aber sehr

21 intensiv mit externen Referenten kooperieren. Wir kooperieren auch nicht nur mit Einzelpersonen,

22 sondern auch sozusagen mit Beratungsunternehmen. Also alles, was wir im Bereich

23 Kompetenzmanagement entwickeln, machen wir mit einer Firma, die in Eignungsdiagnostik einfach

24 eine Expertise hat. Alles, was wir im Bereich Führung machen, arbeiten wir auch mit externen

25 Partnern zusammen, die auf der einen Seite eine hohe Fremdheit in unser System bringen, was

26 sehr, sehr nützlich ist und gleichzeitig auch die Fähigkeit haben, darauf achten wir sehr, sozusagen

27 auch anschlussfähig an die Kultur von Kirche zu sein. Das auch zu verstehen. Da auch

28 dahinterstehen zu können, aber immer mit dieser notwendigen Fremdheit, damit wir auch eine

29 Inspiration kriegen für diese Fragen. Also insofern spielt sich das sozusagen in dem Spektrum ab,

30 das Sie selber auch so skizziert haben.

31

32 **Ja, dann danke ich Ihnen ganz herzlich für das Gespräch.**

33

34 Gerne.

### 7.3 Interview Bereichsleiter für Weiterbildung in einem kirchlichen Wohlfahrtsverband = „Interview Wohlfahrtsverband" (vom Verfasser geführt am 16.03.2016)

1   **Als Einstiegsfrage wäre so ein bisschen die Frage danach, was Ihr Unternehmen in besonderer**

2   **Weise auszeichnet.**

3

4   Was unser Unternehmen auszeichnet? Na ja, unser Wohlfahrtsverband ist der Wohlfahrtsverband

5   der katholischen Kirche, hat eine lange Tradition so wie andere Wohlfahrtsverbände auch. Ich

6   denke, was unser Unternehmen, wenn wir jetzt den Diözesanwohlfahrtsverband nehmen, also für

7   den ich jetzt hier auch spreche, auszeichnet, ist, dass es ein sehr großer Wohlfahrtsverband ist, also

8   einer – sag ich mal – der größten jetzt in Deutschland, was Trägerverband ist, also wo der

9   Wohlfahrtsverband selber auch Träger ist von sehr vielen Einrichtungen. Er hat derzeit gut 8.000

10   Mitarbeiter und Mitarbeiterinnen, die in allen unterschiedlichsten Feldern eigentlich der sozialen

11   Arbeit arbeiten. Also das beginnt irgendwo in der Kinder- und Jugendarbeit, also sprich jetzt

12   Kindertagesstätten, ja über Jugendeinrichtungen und hört auf in der Pflege, ambulant, stationär,

13   Hospizarbeit und dazwischen sind also die unterschiedlichsten Beratungs- und Betreuungsdienste

14   für Menschen in Notlagen, in Krisen, die dann unsere Anlaufstellen haben, die dezentral sind. Die

15   Stellen sind im Diözesangebiet verstreut. Und das besondere ist sicher auch daran, dass wir einfach

16   Hilfestellung für unterschiedlichste Notlagen anbieten und Lebenslagen anbieten können. Das ist

17   sicher ein Alleinstellungsmerkmal, was uns vielleicht auch von Mitwettbewerbern unterscheidet,

18   die vielleicht eher spezialisiert sind in bestimmten Richtungen. Wir decken so ein ganz breites

19   Spektrum ab. Natürlich auch mit allen Herausforderungen, die sich daraus ergeben in Richtung

20   Personalgewinnung, Personalbindung und natürlich auch in der Personalentwicklung.

21

22   **Personalentwicklung haben Sie eben jetzt gerade schon angesprochen. Was würden Sie sagen,**

23   **welchen Stellenwert hat denn die Personalentwicklung bei Ihnen?**

24

25   Ja, hat eigentlich einen sehr hohen Stellenwert. Einfach auch aus dem Grund: unser

26   Wohlfahrtsverband hat eine sehr lange Tradition. Mittlerweile gibt es einen eigenen

27   Geschäftsbereich, der sich eben schwerpunktmäßig mit der Ausbildung von Menschen beschäftigt.

28   Also wir haben eigene berufliche Schulen, die in den sogenannten „Mangelberufen", was jetzt die

29   Pflege, aber auch pädagogische Berufe anbelangt, junge Menschen ausbilden als potentielle

30   Mitarbeiter. Die zweite Schiene ist die Fort- und Weiterbildung, also sprich die Weiterentwicklung

31   im Sinne eines lebenslangen Lernens. Das ist im Wohlfahrtsverband eben alles intern organisiert,

32   also d. h. wir haben ein eigenes Institut, das für diese Bereiche zuständig ist und dadurch hat

33   natürlich die Personalentwicklung einen sehr hohen Stellenwert. Aber natürlich auch wiederum

1     Druck von außen: Fachkräftemangel, also d. h. ich muss natürlich die Mitarbeiter, die wir haben,

2     die wir gewinnen haben können, die muss ich natürlich auch binden und muss ihnen Perspektiven

3     anbieten, ja für lebenslanges Lernen oder auch möglichst lange im Unternehmen zu bleiben, also

4     sprich bis im Idealfall bis zur Pensionierung. Von daher hat das einen sehr hohen Stellenwert.

5

6     **Es geht wahrscheinlich jetzt in eine ähnliche Richtung. Ich möchte Sie bitten, einen Satz, den ich**

7     **beginne, zu vervollständigen. Der lautet: „Wir versuchen unsere Mitarbeiter in ihrer persönlichen**

8     **und beruflichen Entwicklung zu unterstützen, weil...“**

9

10    ... weil wir überzeugt sind, dass die Personalentwicklung oder dieses lebenslange Lernen für die

11    Mitarbeiter notwendig ist. Also aus zweierlei Perspektive, zum einen natürlich, dass ich als

12    Mitarbeiter in die Lage versetzt werde, mich immer wieder weiterzuentwickeln, auch meine

13    Beschäftigungsfähigkeit zu erhalten. Andererseits, wenn ich die Unternehmensperspektive

14    einnehme, auch dafür sorge, dass natürlich unsere Mitarbeiter so qualifiziert sind, dass ich am

15    Markt, im Wettbewerb mich entsprechend auch positionieren kann. Von daher ist

16    Personalentwicklung immer so eine zweiseitige Sache. Ich habe eine Holschuld als Mitarbeiter und

17    der Arbeitgeber muss die Möglichkeiten bieten, sich weiterzuentwickeln. Das war jetzt eine lange

18    Antwort.

19

20    **Die nächste Frage wäre, wie Personalentwicklung bei Ihnen funktioniert. Ich nehme an, dass es**

21    **so etwas wie Mitarbeitergespräche gibt. In welchem Turnus finden die statt? Ist das regelmäßig?**

22

23    Personalentwicklung in unserem Verständnis ist Führungsaufgabe. Das kann man nicht delegieren

24    an irgendeine Stabstelle oder Abteilung, sondern jede Führungskraft ist natürlich für die

25    Personalentwicklung der ihr zugeordneten Mitarbeiter/ Mitarbeiterinnen zuständig. Das heißt,

26    innerhalb dessen muss ich natürlich auch einen Rahmen schaffen, Strukturen schaffen, wo die

27    Personalentwicklung möglich ist. Und da wiederum sind natürlich Instrumente notwendig. Da

28    braucht es Vorgaben, Strukturen, was auch immer, um so etwas zu gewährleisten. Das ist unsere

29    Aufgabe als Institut, Rahmenbedingungen zu schaffen, dass die Personalentwicklung möglich ist.

30    Die Personalentwicklung ist aber Führungsaufgabe. Da sprechen Sie jetzt ein klassisches Instrument

31    schon an. Das ist unsere Mitarbeiterführung durch Zielvereinbarung. Da geht es ja in diesen

32    Jahresgesprächen nicht nur darum, Ziele zu vereinbaren gemeinsam, Ziele und Maßnahmen,

33    sondern natürlich auch zu schauen: Wie zufrieden bin ich mit meiner derzeitigen Position? Was hat

34    sich verändert in meinem Aufgabengebiet? Und was sind auch Perspektiven für die Zukunft? Also

35    sprich: Wo sehe ich mich in fünf Jahren? Das ist eine klassische Frage im Zielvereinbarungsgespräch.

36    Wie will ich mich weiterentwickeln? Strebe ich eine andere fachliche Position an? Strebe ich eine

1 Führungsposition an? Strebe ich eine Weiterentwicklung an meiner jetzigen Stelle an? Also immer
2 zu schauen, wo befinde ich mich gerade? Und was brauche ich wiederum auch für Unterstützung,
3 um die Ziele zu erreichen? Sei es über Fortbildung, Coaching, Supervision, regelmäßige Rücksprache
4 mit der Führungskraft. Das kann ja sehr individuell verschieden sein. Aber das sind zentrale
5 Elemente eigentlich im Zielvereinbarungsgespräch, wo es nicht nur um die Ziele geht, sondern auch
6 um die Weiterentwicklung und die Unterstützung, die ich brauche zur Zielerreichung. Das ist bei
7 uns eigentlich zentraler Bestandteil in den Zielvereinbarungsgesprächen, die in allen Bereichen bis
8 zur Mitarbeiterebene bei uns durchgeführt werden. Die finden in unterschiedlichen Settings statt.
9 Wir haben das klassische Einzelgespräch. Wir haben aber auch Settings, wo wir sagen, wir machen
10 Teamzielvereinbarungen, dort wo mehrere Mitarbeiter ähnliche Ziele haben, macht es durchaus
11 Sinn, auch gemeinsam im Team Ziele zu vereinbaren. Die persönlichen Entwicklungsziele die
12 machen wir immer in Einzelgesprächen. So etwas kann man nicht im Team machen, sondern das
13 geht dann über ein Einzelgespräch. Aber es ist ein jährliches Gespräch, das stattfindet auf diesen
14 Ebenen. Und es finden natürlich unterjährig je nachdem, was ich für Ziele habe, regelmäßige
15 Rücksprache-/ Feedbackgespräche mit der Führungskraft statt.
16
17 **Sie haben gerade verschiedene Modi angesprochen, ob das jetzt das Einzel- oder das**
18 **Teamgespräch ist. Das heißt, dass bei Ihnen mit jedem Mitarbeiter ein solches Gespräch geführt**
19 **wird?**
20
21 Ja, genau. Wie gesagt, das in unterschiedlichen Settings, zum Beispiel in einer Kindertagestätte. In
22 einer dreigruppigen Einrichtung hat mitunter eine Kindergartenleitung eine Führungsspanne von
23 20 bis zu 25 Mitarbeitern. Da macht es sehr wohl Sinn als Team gemeinsam Ziele zu vereinbaren,
24 wo wir sagen, wir setzen jetzt Schwerpunkte in Richtung unsere Anspruchsgruppen. Was wollen
25 wir an unseren Angeboten ändern? Was setzen wir uns für wirtschaftliche Ziele? Was setzen wir
26 uns für Ziele wiederum, wenn wir unsere Arbeitsorganisation, unsere Kernprozesse, unsere
27 Unterstützungsprozesse vielleicht modifizieren müssen? Vielleicht müssen wir neue Prozesse
28 entwickeln. Was setzen wir uns da für Ziele? Und was setzen wir uns für Ziele aus der
29 Mitarbeiterperspektive? Also was machen wir gemeinsam als Team? Was setzen wir für
30 Schwerpunkte in der Fortbildung? Was wollen wir in der Supervision bearbeiten? Und und und.
31 Und so etwas kann man auch gut als Team machen und die Ziele vereinbaren. Bloß diese
32 Fragestellungen, wo sehe ich mich selber persönlich in fünf Jahren? Was sind meine eigenen
33 Entwicklungsmöglichkeiten oder wo will ich auch hin? So etwas findet immer im Einzelsetting statt.
34 Das würde man an ein Teamgespräch einfach im Einzelsetting dranhängen.

1  **Wenn es dann um die Perspektive: „Wo sehe ich mich in fünf Jahren?" geht oder generell um**
2  **Entwicklungsmöglichkeiten, ist ja häufig auch das Schlagwort der „Kompetenzen" im Spiel. Wie**
3  **läuft das bei Ihnen im Mitarbeitergespräch? Gibt es da so etwas wie eine Fremd- und**
4  **Selbsteinschätzung? Oder gibt es da irgendwie andere Instrumente, wie man darauf schaut, was**
5  **der Mitarbeiter mitbringt und was man da entwickeln kann?**
6
7  Also wir machen es im Zielvereinbarungsgespräch so, dass man sich selbst bewertet, was die
8  Zielerreichung anbelangt, aber auch die Führungskraft. Was wir nicht haben, ist jetzt zum Beispiel
9  ein 360°-Feedback. So ein Instrument führen wir derzeit noch nicht ein. Wir sind in Überlegungen
10 so etwas aufzubauen, aber das ist jetzt eher in der Planung. Jetzt fokussiert es sich stark auf
11 Führungskraft und Mitarbeiter. Wenn ich natürlich Teamzielvereinbarung habe, dann wird die
12 Bewertung natürlich im Team stattfinden. Was haben wir gemeinsam für Ziele erreicht? Und dann
13 ist es ja immer bei der Bewertung wichtig, nicht nur zu sagen: „Ziel erreicht oder nicht erreicht.",
14 sondern dass man es auch auswertet: Was waren die Erfolgsfaktoren für eine erfolgreiche
15 Zielerreichung? Das vergisst man oft. Um daraus auch zu lernen, was wir für unsere zukünftigen
16 Ziele übertragen können. Was waren aber auch die Ursachen, warum haben wir das Ziel nicht
17 erreicht? Liegt es an Ressourcen? Hat sich das Ziel vielleicht verändert? Sind Rahmenbedingungen
18 entstanden, die das ursprüngliche Ziel überholt haben? Dass man das sauber auswertet.
19
20 **Wenn ich jetzt bei Ihnen arbeiten wollte, gibt es da bestimmte Kompetenzen, von denen Sie**
21 **sagen würden, die sollte ich unbedingt mitbringen? Also bestimmte Schlüsselkompetenzen für**
22 **Ihr Unternehmen.**
23
24 Diese Frage ist tatsächlich schwer zu beantworten, weil wir so eine Vielfalt haben von
25 unterschiedlichsten Berufen. Da würde jemand, der in der Pflege tätig ist, anders antworten als
26 jemand, der als Sozialpädagoge in einer Beratungsstelle tätig ist oder vielleicht als Verwaltungskraft
27 in einem sozialpsychiatrischen Dienst arbeitet. Also von daher ist eine solche Frage tatsächlich
28 schwierig zu beantworten, weil jeder Beruf oder jede Beschäftigungsmöglichkeit erfordert eine
29 bestimmte Art von Kompetenzen, die ich mitbringen muss. Das heißt natürlich, dass ich
30 Kompetenzen mitbringe in Richtung, dass ich einen bestimmten Beruf auch erworben habe, das ich
31 einen bestimmten akademischen Abschluss habe. Aber was für uns natürlich immer wichtig ist, und
32 das zieht sich schon ein bisschen wie ein roter Faden durch, das ist so etwas wie Teamfähigkeit,
33 lösungsorientiertes Arbeiten, gemeinsam einen Weg zu gehen, Konfliktfähigkeit. Das wären solche
34 Dinge, die für alle Berufe eigentlich greifen, neben dem, was ich mitbringen muss, um den Beruf
35 auch auszuführen. Und natürlich auch – klar, wir sind Wohlfahrtsverband der katholischen Kirche –
36 uns ist es natürlich auch wichtig, dass man natürlich auch bestimmte Grundeinstellungen mitbringt.

1 Zum Beispiel, was katholische Soziallehre anbelangt, die Einstellung zu Subsidiarität, Solidarität und

2 Personalität spielt bei uns sicher auch eine Rolle in der Haltung, wie ich da die Sachen auch angehe.

3 Im Umkehrschluss: auch ein privater Eintrag, auch wenn er privat ist, in Facebook, der sich – sag ich

4 mal – abfällig gegen Migranten darstellt und wenn ich da auch meinen Arbeitgeber angebe, wo ich

5 arbeite, so etwas hat bei uns auch arbeitsrechtliche Konsequenzen. Von daher ist da natürlich auch

6 eine gewisse Identifikation mit den Zielen auch des Unternehmens wichtig. So wie wir auch unsere

7 Klientenarbeit sehen.

8

9 **Schauen wir noch auf Entwicklungsmaßnahmen. Wir haben schon besprochen, dass das im**

10 **Mitarbeitergespräch bzw. Zielvereinbarungsgespräch dann eben festgelegt wird. Wie schaut das**

11 **dann in der Regel aus? Wie werden aus diesen Gesprächen Entwicklungsmaßnahmen abgeleitet?**

12 **Ist das Vereinbarungssache zwischen Führungskraft und Mitarbeiter? Oder melden die dann**

13 **Bedarf an? Oder wie läuft das?**

14

15 Also der normale Weg ist ja so: wir machen eine sehr umfangreiche Bildungsbedarfsplanung. Das

16 heißt also, ausgehend von den strategischen Unternehmenszielen, die da sind. Die werden je weiter

17 das nach unten gebrochen wird in der Zielvereinbarung, desto operativer wird das ganze. Und aus

18 diesen Zielvereinbarungen ergeben sich natürlich auch von der strategischen

19 Unternehmensplanung, aber auch von den Zielvereinbarungen dann, ergeben sich konkrete

20 Bedarfe in der Bildung. Das heißt, diese Informationen bekommen wir. Wir heißt, das Institut für

21 Bildung und Entwicklung. Und wir stellen dann mit den Bedarfen, die das Unternehmen benötigt,

22 in Fort- und Weiterbildung, in Inhouseseminaren, in Bildungsangeboten ... erstellen wir ein

23 umfangreiches Weiterbildungsprogramm. Das ist unser Jahresprogramm. Wir haben im Jahr an die

24 900 Seminare, die wir durchführen zu den unterschiedlichsten Themen. Von fachbezogenen

25 Themen der sozialen Arbeit, Kindertagesstätten über EDV-Seminare, im administrativen Bereich,

26 Verwaltungsbereich, im Pflegebereich, das ist ein sehr großer Bereich bei uns, bis hin natürlich zur

27 Führungskräfteentwicklung, wo wir da die Akzente setzen und genau diese Angebote für und in das

28 Unternehmen einbringen, die wiederum aus Bedarfen uns gemeldet worden sind. Das beginnt mit

29 der Bedarfsplanung. Wir stellen die Angebote zusammen, das Programm, die Mitarbeiter gehen

30 hin, die Angebote finden statt, die werden ausgewertet, es findet Transfermanagement statt. Also

31 haben wir tatsächlich mit diesen Bildungsangeboten auch unser Ziel erreicht, sind die Kompetenzen

32 erworben worden? Im Idealfall, ja. Wenn nicht – ganz ähnlich wie bei der Zielvereinbarung – was

33 war der Grund, warum das nicht passiert ist? Dann müssen wir halt wieder dagegen steuern bei

34 den nächsten Bildungsangeboten. Unsere Bildungsangebote sind sehr praktisch orientiert, d. h. wir

35 sind natürlich sehr nah an der Praxis dran und bauen die auch so auf, dass das Lernen auch

36 eigentlich durch das Einüben stattfindet. Zum einen, dass ich natürlich jetzt nicht alleine bin in

1 einem Bildungsangebot, sondern ich habe auch andere Kollegen/ Kolleginnen aus einem Kontext,

2 die ähnliche Sachen haben, also wo man schon gegenseitig lernt und dann nützt man natürlich die

3 Fort- und Weiterbildung einfach zum Üben, über Rollenspiele, was auch immer, also dass ich

4 bestimmte Verhaltensweisen, Kompetenzen üben kann und dann übertragen kann auf meinen

5 Arbeitsalltag. Von daher sind wir sehr eng an der Praxis da und versuchen natürlich oder wir

6 versuchen es nicht, sondern wir tun es, die Bildungsangebote so aufzubauen.

7

8 **Vielen Dank. Das war bereits die letzte Frage. Dann danke ich ganz herzlich für das Gespräch.**

9

10 Gut. Danke.

### 7.4 Interview Personalentwicklerin eines Medienunternehmens = „Interview Medienunternehmen" (vom Verfasser geführt am 16.03.2016)

1   **Meine erste Frage wäre, was denn Ihr Unternehmen in besonderer Weise auszeichnet?**

2

3   Da sehe ich verschiedene Themen. Vor allen Dingen steht der „Mensch". Der Mensch steht in dem

4   Zentrum unserer unternehmerischen Aktivitäten und wir bündeln viele Marken, viele starke

5   Marken unter uns. Die jeweiligen Firmen befinden sich in unterschiedlichen Lebenszyklen mit

6   unterschiedlichen Marktbedingungen und bewegen sich in einem hochdynamischen Markt. Daraus

7   ergeben sich unterschiedliche Anforderungen. Trotz der Vielfältigkeit und Unterschiedlichkeit

8   bündeln sich alle unsere Aktivitäten auf den Menschen. Zum Beispiel der Endkunde. Unsere

9   Produkte bewegen sich im Umfeld „B2C" [Anmerkung: Business-to-Consumer; F.S.] und nicht im

10  Umfeld „B2B" [Anmerkung: Business-to-Business; F.S.]. In unserem Unternehmensverständnis

11  steht also der Mensch im Zentrum aller Aktivitäten. Die Nähe zum Menschen zeichnet uns aus.

12

13  **Wenn der Mensch ganz zentral ist, ist natürlich auch die Frage, wie zentral das auch innerhalb**

14  **des Unternehmens ist, nicht nur im Blick auf den Kunden. Also, wäre die Frage, welchen**

15  **Stellenwert denn Personalentwicklung in Ihrem Unternehmen hat?**

16

17  Tatsächlich kann ich die Frage erst einmal mit „unterschiedlich" beantworten oder muss sie mit

18  „unterschiedlich" beantworten, aufgrund der Vielfältigkeit an Unternehmen. Es gibt Unternehmen,

19  die der Personalentwicklung eine große Bedeutung beimessen und es gibt Unternehmen, in denen

20  das erst wachsen muss. Jeder Bereich hat eine andere Historie, funktioniert anders, ist vielleicht in

21  einem anderen Markt unterwegs, ist jünger oder gewachsener. Im Gesamtkonzern gibt es eine

22  Personalentwicklung mit einem starken „Corporate"-Verständnis. Diese Funktion sitzt sehr nahe

23  am Vorstand, was ihr damit allein schon einen höheren Stellenwert gibt. Leider lässt es sich nicht

24  für alle Geschäftsbereiche verallgemeinern. Der Stellenwert wird darüber hinaus stark durch die

25  einzelnen Geschäftsführer geprägt. Es hängt also zum Teil auch von handelnden Personen ab,

26  welchen Stellenwert sie der Personalentwicklung, überhaupt der HR-Arbeit, persönlich beimessen.

27

28  **Wenn wir jetzt so ein kleines Spiel machen: Ich werde jetzt einen Satz beginnen und würde Sie**

29  **bitten den eben fertig zu machen. Also, der Satz begänne mit: „Wir versuchen unsere Mitarbeiter**

30  **in ihrer persönlichen und beruflichen Entwicklung zu unterstützen, weil..."**

31

32  ... unsere Mitarbeiter unseren Unternehmenserfolg ausmachen. Oder anders gesagt: unser

33  Unternehmenserfolg von ihnen abhängt.

1    **Dankeschön. Also, ich gehe davon aus, dass es bei Ihnen Mitarbeitergespräche gibt. Und würde**

2    **jetzt gerne fragen, in welchem Modus die stattfinden? Ob die irgendwie in einem bestimmten**

3    **Turnus stattfinden, ob das jährlich oder ob das auch unterschiedlich ist, je nach Unternehmen,**

4    **das zur Gruppe gehört?**

5

6    Es gibt Mitarbeitergespräche, das ist richtig. Allerdings gibt es tatsächlich Bereiche, in denen das

7    noch nicht hundert Prozent umgesetzt ist. Das Thema hat einen hohen Stellenwert und sollte

8    unternehmensweit umgesetzt werden. De facto, in einzelnen Bereichen wird das nicht unbedingt

9    aktiv gelebt. Größtenteils ja, aber in manchen Bereichen eben nicht. Das ist – glaube ich – noch

10   wichtig zum Hintergrund. Ansonsten muss man auch wissen, dass wir das Thema

11   Mitarbeitergespräche so aufgesetzt haben: es sollte jährlich stattfinden, ein Gespräch, in dem die

12   jeweilige Führungskraft mit dem Mitarbeiter spricht und in dem der Mitarbeiter Feedback

13   bekommt und der Führungskraft Feedback gibt, in dem über die Aufgaben gesprochen wird, über

14   die Perspektive gesprochen wird und Weiterbildungsmaßnahmen vereinbart werden. Und je

15   nachdem, ob der Mitarbeiter eine variable Vergütung hat, zum Beispiel einen Bonus erhält, werden

16   zusätzlich noch Zielvereinbarungsgespräche im gleichen Rahmen geführt. Das jährlich. Das ist der

17   strukturierte, seitens der Personalentwicklung vorgesehene Prozess, der mit einem

18   Mitarbeitergesprächsleitfaden unterstützt wird. Es ist allerdings so, dass es in den Bereichen

19   verschiedene Bögen gibt, Mitarbeitergesprächsbögen, da die Gesellschaften jeweils ihren

20   Betriebsrat haben und der Betriebsrat je nach Gesellschaft unterschiedliche Haltungen hat. Es

21   wurde also mit jedem Betriebsrat individuell vereinbart, wie das Mitarbeitergespräch umgesetzt

22   werden darf. Dadurch haben wir im Haus sehr unterschiedliche Lösungen und Regelungen

23   gefunden und für jede Gesellschaft eigene Bögen.

24

25   **Ok. Ja, sie sagten bereits, dass die Zielvorgabe zwar ist, dass das Mitarbeitergespräch überall**

26   **geführt wird, es teilweise, ja noch in den Startlöchern steckt, aber noch nicht so ganz umgesetzt**

27   **ist. Werden denn dort, wo es umgesetzt ist, die Gespräche mit allen Mitarbeitern geführt oder**

28   **sucht man sich irgendwie „High Potentials" aus, um nur gezielt mit denen zu sprechen?**

29

30   Es werden generell mit allen Mitarbeitern Gespräche geführt. Das Thema „High Potentials" ist ein

31   Thema, das momentan aktuell in der Personalentwicklung als Fragezeichen in Form eines Projektes

32   bearbeitet wird. Das ganze Ding heißt „Talentmanagement" und wir haben bisher keinen

33   unternehmensübergreifenden Prozess, in dem wir zum Beispiel Leistungsträger identifizieren. Es

34   gibt es in einzelnen Bereichen, ja, dass Führungskräfte auch mit Potenzialdiagnosen arbeiten und

35   dass Kalibrierungsrunden stattfinden, in denen Mitarbeiter beurteilt werden, also vereinzelte

| 1 | Leistungsträger-, Potenzialträgeridentifikation. Es gibt aber kein einheitliches systematisiertes |
| 2 | Gespräch, was auf diese Zielgruppe momentan abzielt. |
| 3 | |
| 4 | **Sie meinten bereits, dass es in den Mitarbeitergesprächen um die Entwicklung der Mitarbeiter** |
| 5 | **geht. Ich nehme an, dass da auch Kompetenzen geprüft werden. Findet dies im** |
| 6 | **Mitarbeitergespräch statt? Funktioniert das über Fremd- und Selbsteinschätzung oder gibt es da** |
| 7 | **noch ganz andere Methoden, die sie verwenden?** |
| 8 | |
| 9 | Vorgesehen ist es in einer reinen Führungskraft-Mitarbeiter-Einschätzung, also dass die |
| 10 | Führungskraft den Mitarbeiter im Gespräch einschätzt und ihm ein Feedback gibt. Im |
| 11 | Mitarbeitergesprächsbogen sind gewisse Kompetenzen benannt als Gesprächsgrundlage, die dort |
| 12 | auch detaillierter beschrieben sind. Darüber hinaus gibt es keine Beurteilung des Mitarbeiters. Es |
| 13 | gibt keine Form von 360°-Feedback etc. Was es gibt, das sind aber sehr, sehr wenige Bereiche bei |
| 14 | uns, die eben über Kalibrierungsrunden zum Beispiel beurteilen, d. h. die Führungskräfte setzen |
| 15 | sich zusammen mit dem Personaler und sprechen über ihre Leute. Das ist eine Form der |
| 16 | Beurteilung. In manchen Bereichen werden aber sogar potenzialdiagnostische Instrumente |
| 17 | eingesetzt. Das ist die absolute Minderheit. Hier arbeiten wir z.B. mit dem „HILB" als |
| 18 | Diagnoseinstrument. Es gibt einzelne Gesprächsbögen, in denen in Anlehnung an solche |
| 19 | Potenzialdiagnosen Beurteilungsbögen beiliegen. Allerdings nicht flächendeckend und es sind im |
| 20 | Gesamtkonzern gesehen die wenigsten Bereiche. Die Führungskraft erhält im Gespräch übrigens |
| 21 | auch Feedback durch den Mitarbeiter. Auch das ist nur anhand von möglichen Stichpunkten in den |
| 22 | Bogen aufgenommen. Es sind ungefähr fünf Kompetenzen benannt, an denen er die Führungskraft |
| 23 | einschätzen sollte. |
| 24 | |
| 25 | **Wenn wir jetzt schon bei dem Thema Kompetenzen sind: Also wenn ich bei Ihnen arbeiten wollte,** |
| 26 | **gibt es da bestimmte Kompetenzen, von denen Sie sagen, die müsste man unbedingt mitbringen,** |
| 27 | **also so bestimmte Schlüsselkompetenzen?** |
| 28 | |
| 29 | Ja. Es gibt fünf Schlüsselkompetenzen, die wir definiert haben. Aufgrund der Vielfältigkeit, über die |
| 30 | ich immer spreche und der Heterogenität sehen wir, dass auch unsere Zielgruppen auf dem |
| 31 | Bewerbermarkt, unsere potentiell neuen Mitarbeiter, in ihren Profilen eben auch sehr heterogen |
| 32 | sind. Und das hat es für uns sehr schwierig gemacht diese Profile im Sinne von gewünschten |
| 33 | Kompetenzen auf einen gemeinsamen Nenner zu bringen. Die Kompetenzen die wir als |
| 34 | Schlüsselkompetenzen sehen sind „unternehmerisches Handeln": jemand bringt sich mit |
| 35 | wertvollen Ideen und Initiativen ein, denkt dabei auch einmal quer und behält eigenverantwortlich |
| 36 | den ökonomischen Unternehmenserfolg im Blick. Eine zweite Schlüsselkompetenz ist |

1 „Umsetzungsorientierung", d. h. der Mitarbeiter ist in der Lage, komplexe Probleme zu erfassen
2 und findet mit hoher Eigeninitiative und Leidenschaft pragmatische und tragfähige Lösungen. Wir
3 haben die Kompetenz der „Integrationsfähigkeit" beschrieben, im Sinne von „handelt reflektiert
4 und empathisch mit hoher Kommunikationskompetenz innerhalb verschiedenster Umgebungen
5 und baut ein breites Geschäftsnetzwerk auf". Eine weitere Kompetenz ist das „digitale
6 Verständnis". Besonders in der Medienbranche sind wir vielschichtig der Digitalisierung
7 unterworfen. Unter dieser Kompetenz verstehen wir, dass der Mitarbeiter sich für
8 medientechnische Themen begeistert und sich für digitale Trends begeistert, Zusammenhänge und
9 Entwicklungen in unserer Branche richtig einzuschätzen weiß und auch mit dieser Dynamik des
10 Marktes einhergehend die Innovationskraft, d. h. sich offen mit zukunftsgerichteten Themen
11 auseinandersetzt, Veränderungsprozesse vorantreibt und sich maßgeblich an der Umsetzung
12 beteiligt.

13

14 **Wir hatten eben auch schon besprochen, dass das Mitarbeitergespräch auch dazu dient,**
15 **Entwicklungsmaßnahmen zu bestimmen. Wie funktioniert denn das in der Regel? Also ist es quasi**
16 **dann ein Ergebnis des Gesprächs? Werden da gezielt Entwicklungsmaßnahmen festgelegt?**

17

18 Genau. Es gibt tatsächlich für den Bereich ein einzelnes Blatt in den Gesprächsbögen, in dem die
19 Führungskraft mit dem Mitarbeiter Maßnahmen vereinbart, was von beiden Seiten auch
20 unterschrieben wird. Dieses Blatt geht nach dem Gespräch an den betreuenden Personaler, der
21 zusammen mit einem Weiterbildungsteam die Bedarfe erfasst und Angebote zurückspiegeln kann.

22

23 **Wenn wir schon bei den Angeboten sind: wie machen Sie das in der Regel, also führen Sie die**
24 **Entwicklungsmaßnahmen größtenteils selber durch oder holen Sie da auch Experten von außen?**
25 **Oder wie funktionieren diese Entwicklungsmaßnahmen? Wer betreut die?**

26

27 Also wenn ich jetzt mal Maßnahmen „on-the-job" weglasse und wirklich nur an Seminar- und
28 Trainingsmaßnahmen denke, die auch größtenteils in den Mitarbeitergesprächsbögen vereinbart
29 werden, dann sind das hauptsächlich externe Partner. Wir haben einen Weiterbildungskatalog, den
30 wir anbieten. In dem bieten wir allerdings auch viele interne Maßnahmen an. Dabei geht es darum,
31 das eigene Wissen den anderen Unternehmensbereichen zur Verfügung zu stellen. Das wird auch
32 sehr von unseren Mitarbeitern nachgefragt. Dahinter steht besonders der Netzwerkgedanke. Das
33 Thema „Netzwerken" greift wieder das Verständnis auf, dass der Mensch im Zentrum unserer
34 Aktivitäten steht. Hier bieten wir unseren Mitarbeitern viele Möglichkeiten, nämlich auf inhaltlicher
35 Ebene zu „netzwerken" und das wird gerne angenommen. Meistens sind das aber nicht die im
36 Mitarbeitergespräch vereinbarten Maßnahmen. Die internen Maßnahmen sind kostenlos. Das kann

1    der Mitarbeiter sich selber einteilen. Es gehört meines Erachtens auch in seinen Aufgabenbereich,

2    solche Angebote wahrzunehmen. Während die Vereinbarungen zu seiner Professionalisierung

3    durch externe Maßnahmen sich in den Gesprächsbögen wiederfindet. Hier arbeiten wir mit

4    verschiedenen Agenturen, aber auch Trainer, Coaches, mit denen wir zum Teil meist schon viele

5    Jahre zusammenarbeiten. Das sind also z.B. freie Trainer, die zu bestimmten Themen hier im Hause

6    Maßnahmen anbieten. Der Mitarbeiter und die Führungskraft sind also angehalten über die

7    Weiterbildungsmaßnahmen zu sprechen, die in unserem Weiterbildungskatalog angeboten

8    werden. Z.B. sind darin Seminare zum Projektmanagement oder Führung enthalten. Als Trainer

9    treten vereinzelt Mitarbeiter aus dem Haus aus. Das sind dann die speziellen Fachseminare. Wir

10   selber, seitens der Personalentwicklung sind eher selten in der Trainer-Rolle.

11

12   **Ok. Ja, dann habe ich noch eine letzte Frage: Wie ist denn das, wenn jetzt ein Mitarbeiter unter**

13   **dem Jahr, also jetzt unabhängig von den Mitarbeitergesprächen merkt, ja irgendwie da fehlt mir**

14   **was, da könnte ich noch eine Kompetenz gebrauchen oder so, kann er den Bedarf auch unter dem**

15   **Jahr selbständig anmelden?**

16

17   Dieser Trainingskatalog, von dem ich gesprochen habe, oder Weiterbildungskatalog, da sind

18   Maßnahmen über das ganze Jahr drin abgebildet. Dieser Katalog steht auch online allen

19   Mitarbeitern zur Verfügung. Das heißt, der Mitarbeiter hat auf der einen Seite die Möglichkeit sich

20   über einen Freigabeprozess der Führungskraft zu Maßnahmen anzumelden und nach Freigabe

21   teilzunehmen. Das heißt aber auch, dass der Mitarbeiter immer über die Führungskraft gehen

22   muss. Er wendet sich letzten Endes nicht an den Personalbereich und kann hier selbständig

23   Maßnahmen vereinbaren. Die Vereinbarung muss immer zwischen Führungskraft und Mitarbeiter

24   erfolgen, egal wer von beiden den Anstoß gibt. Über das Weiterbildungsteam haben beide die

25   Möglichkeit sich anschließend speziell und individuell Angebote einzuholen. Sie haben allerdings

26   auch die Möglichkeit, sich auf dem freien Markt selber umzuschauen und auch da etwas zu

27   vereinbaren oder etwas zu buchen.

28

29   **Ja, dann danke ich ganz herzlich für das Gespräch!**

30

31   Gerne. Vielen Dank für das Interesse und viel Erfolg weiterhin.

32